会赚钱的人
想的不一样

黄启团◎著

北方文艺出版社

序

如何开启财富自由之路

每一个人都渴望获得更多的财富。每逢佳节，我们都喜欢用"恭喜发财"来祝福别人。没有人会嫌钱多，因为我们都知道"金钱虽然不是万能的，但是没有钱是万万不能的"。可是，钱并不是我们想要得到就能得到的东西。

我们都会有这样的困惑：为什么有些人挣钱很容易，有些人终其一生都在为钱疲于奔命？怎么能在享受生命的同时，顺便就把钱给赚了？如何才能过上财富自由的日子？明明每个人都想获得财务自由，为什么只有少数人真正实现了财务自由呢？是我们不够聪明、不够努力，还是运气不好？

在我的线下课里，我经常会在课程中问学员："你在生活中最难忍受的是什么？"有一个学员这样回答我——"我受够了没钱的生活！"这个答案道出了很多人的心声。我请他到台上来，一边跟他聊关于钱的话题，一边留意他的肢体语言。身体从来不会骗人，透过他的肢体语言，我捕捉到了他的一些秘密。

我留意到，他握话筒的左手一直在发抖。于是我请他闭上眼睛，将注意力放到发抖的左手上，去感受自己究竟为什么发抖。我看到他在闭上眼睛之后，手越抖越厉害了。过了一段时间，他眼中的泪水夺眶而出。我问他发生了什么，他说他爸曾因为钱打过他——大概五岁的时候，有一次他从家里悄悄拿钱被爸爸发现了，他不仅被揍了一顿还被赶出了门外。

　　这样的事情对一个小孩子来说是难以承受的，会在心理上留下极大的创伤。你很难想象一个大男人竟然会对着台下一千多个陌生人号啕大哭。当他的情绪宣泄得差不多了，我问他："你对钱是什么样的看法？"他告诉我，他这辈子被钱害惨了。

　　讲到这里，我想各位读者已经知道这位朋友为什么没有钱了——在他的潜意识里一直有一个"自己被钱害惨了"的想法。一个认为自己被钱害惨的人，怎么可能拥有更多的钱呢？当时，我做了一段"个案咨询"，建议他问自己几个问题：你真的是被钱害惨了吗？如果你有钱，你还用"偷"钱吗？你真的是被钱害惨的，还是被没钱害惨了？（这三个问题的意思好像差不多，但在潜意识中却会呈现出相反的信息。）

　　这位学员按照我的建议，问了自己这些问题之后，顿时豁然开朗，他的整个观念都发生了改变。我们要知道，当一个人的观念发生改变后，他的行为就会发生改变。行为改变了，结果自然也就改变了。后来我们再联系的时候，他告诉我，他的收入在一年之内翻了一倍——这并不是因为他的能力得到了极大的提升，而仅仅是因为他改变了对金钱的观念。

　　我本人现在算不上是一个很有钱的人，但切身经历了一段从贫困到财富自由的历程。我曾经倾注了大量心血去研究关于金钱的理论，最终发现了一些规律。在过去23年的心理学教育工作中，我将这些规律教授给了很多学员，使很多人从内而外发生了巨大的改变。你可能会觉得这有些"玄"，但我在这里想跟大家分享的是——**关于挣钱，其实我们每个人的内心机制都发挥着作用，是有其心理规律可供大家参考的。**

一个人要想获得财富，大致有三种方法：

第一种方式是挣钱。凭借自己的能力和时间创造财富，然后去换取金钱。这里会涉及两个问题，第一个问题是如何挣，这是技术层面的问题；第二个问题是敢不敢挣，这是心态层面的问题。

大多数人缺钱，本质上来说跟他的能力并没多大关系，而跟他对财富的认知密切相关。很多人有一些"病毒性"的想法，这些想法会限制他去获得财富。比如，有人认为钱是肮脏的，是万恶之源；有钱人都爱炫耀；做生意的人都是奸商；凡事谈钱就太俗了……当你如此认知钱或仇视有钱人的时候，你就已经把财富拦在了你的身外。

所以，想要挣钱，我们首先要消除内在对于金钱的一些错误观念。当我们消除了这些错误观念之后，便会打开通往财富的大门，这样财富才能"流向"你。在本书中，我将分享一些心理学知识，这些心理学知识看似跟"钱"没有直接关系，却能帮你更新观念，消除潜伏在内心的"财富病毒"。

第二种方式是赚钱。一个人的能力和时间是有限的，就算你再努力，你挣的钱还是有限的，所以挣钱并不是一个最好的方法。当你挣到了钱之后，你就可以采用第二种方式——赚钱。在这本书中，我会用较长的篇幅与大家分享如何去了解人性，让别人来为我们"赚钱"。这是一种更为轻松获取财富的方法。

第三种方式是"值钱"，这是对金钱最正确的理解。值钱，就是让"钱"来找你。一个值钱的人，会吸引周围的人主动给你投资，他们愿意将自己所掌握的资源给你调用。有些人觉得自己的能力并不差，但为什么有些人就能吸引资源，还有伯乐愿意给他们机会，自己却不行呢？究其原因，是因为他们身上有"值钱"的特质。要知道，成为一个"值钱"的人，是赚钱的前置条件。

关于值钱，有一个观念非常重要，叫作"自我配得感"。比如，当你收到别人的礼物，特别是一些贵重的礼物时，会不会觉得不好意思；或者别人赞美你的时候，你会不会很害羞、很难为情？如果是，你就产生了"不配得感"（就是你觉得自己不值得拥有这么好的东西）。这种不配得感会将本属于你的财富拒之门外，因为你觉得自己无法"匹配"这些财富。这会造成你对一些挣钱的机会视而不见，以及好不容易挣来的钱莫名其妙地"消失"。

挣钱、赚钱、值钱，是关于金钱的三个法门，掌握了其中的规律，我们才可能由内而外、循序渐进地成为一个富足的人。

目　录

挣钱篇
如何挣到第一桶金

Chapter 04 挣钱的常识

Chapter 05 竞争的法门：怎么跟别人"争"钱

Chapter 06 绝对优势：用更少的时间挣更多的钱

Chapter 07 发挥比较优势：把时间变成金钱

赚钱篇
如何轻松高效地赚钱

值钱篇
如何让财富找到你

Chapter 16 什么样的人值钱

Chapter 17 找出你最值钱的特质

Chapter 18 如何让自己越来越值钱

Chapter 19 拒绝"我不配"，释放值钱的潜能

行动篇
如何知行合一地创造财富

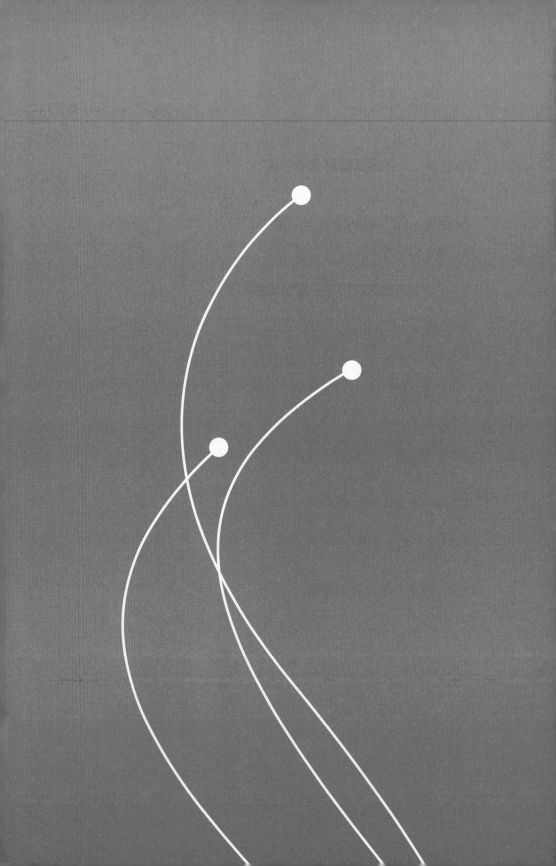

理念篇
财富的规律

Chapter 01
关于金钱，你最大的困难是什么？

　　我们所有人都想又快又多地挣钱，希望自己的每一分努力都能够获得丰厚的回报。但对于金钱的错误认知，却常常阻碍我们获取财富。而我们只有在理解了挣钱、赚钱、值钱背后的规律之后，才能开启富足人生。

获取财富的第一个决定

初入社会的时候，于物质财富方面而言，我是一个非常穷的人，大学毕业后我被分配到一家效益不太好的单位，当时的月薪只有一百多元，勉强能够解决温饱。在我以往的人生观里，勤劳是通往财富的唯一通道，所以我在工作岗位上非常勤奋，以为这样我就能获取更多的财富。但事与愿违，无论我怎么努力，工资还是一百多元。后来我从一个普通的职员熬成了管理人员，可还是入不敷出，甚至还要靠身在农村的父母接济。

后来，我实在受不了这种投入与产出完全不成正比的生活，离开单位"下海"（从商）去了。当然，这是一个非常痛苦的过程，在我的父母看来，从农村生活到城市定居，再获得一个"铁饭碗"，已经是梦寐以求的事情了。即便他们知道我过得拮据，也不希望我放弃这个"铁饭碗"。

但不管父母和亲朋好友如何反对，我还是坚决地下海了。因为那时候我就知道——不管如何努力，自己是无法突破职业"天花板"的。

当然，离开单位后，我也经历了一段非常艰苦的时光。这种苦更多是身体上的苦，虽说非常难熬，但内心的那抹希望却在这苦痛的浇灌下变得越来越炙热，与之前那种看不到希望的压抑比起来，我甚至感到一丝甘甜。

即便到今天，我还是会追问自己，究竟是什么力量驱使我放弃手中的"铁饭碗"？是能力？还是心态？抑或是别的什么原因？可能有些朋友会觉得，不就是换个工作而已，有那么严重吗？有这样看法的朋友，肯定是没有过过穷苦的生活。在那个时代，一个人如果扔掉自己手中的"铁饭碗"，在周遭的亲朋好友的眼中几乎可以与"疯子"等同。

无论是三十年前还是现在，假若我们站在个人命运的十字路口，仍旧会受到某些旧有模式的影响。

如今，我的主要工作是培训心理导师，向大众普及心理学知识，让更多的人受益。目前这个导师团已经有七百多人了，里面有很多优秀的导师，非常受学生们的喜欢。你可能会认为这些导师团导师的收入应该很不错，其实不然，有一些导师真的非常优秀，但就是赚不到什么钱。其中的一位女导师讲课水平非常高，可就是没人请她去讲课。她与我当年一样，时常需要靠借钱度日。

我曾经问过她："你这么优秀，为什么不主动去推销自己呢？这样兴许可以争取一些讲课的机会。"她回答："团长，我为什么要去推销自己呢？只要我讲课足够好，就一定能吸引更多人。如果没人找我，只能证明一件事情——我还不够好。有一句话叫'花香蝶自来'，我为什么要低声下气地去求别人呢？"

　　她认为推销自己是一件低声下气的事情，她坚信"酒香不怕巷子深"，只要自己足够好，就不怕没有用武之地。这位导师没有我当年是否要从体制中出走的纠结，甚至还有比我强的地方——起码她有满腹学识。但她和当年的我一样，都处于无钱可挣的境地。究竟是什么把她给困住了呢？

假如你的财富之路陷入了死循环

在我们的思维中，通常会有这样一个逻辑闭环：如果你处在一个困境里，就会做一个决定；有了决定之后，你就会采取行动；行动之后，自然就有了相应的结果；得到的这个结果会反过来强化你的决定。最终，你就会进入这样一个闭环：困境—决定—行动—结果。

例如：一个人没有钱，这是他的**困境**，他可能会因此做一个不乱花钱的**决定**，于是他每天都会很节省，这是**行动**，最后的**结果**自然不会有太大的变化，因为他一直在用笨办法挣钱。越挣不来钱，他就越要省钱，越省钱就越挣不来钱……不管怎么努力，他都跳不出这个困局。

当我们遇到问题时，为了能够解决问题，我们必然会做出决定，然后按照自己的决定行动，而行动带来的结果，又会让我们重复之前的问题。一旦这个循环系统形成了，我们便会自主强化初始的决策动机，进而不断循环。如果我们不能打破这个循环，将会在重复的失败中浪费一生。

二十多年前在单位上班的时候，我便遇到了这样的困境——月薪只有一百多元。于是我做了一个决定——更加努力地去工作。埋头工作便带来了一个结果——外面的世界被我主动屏蔽了。这时我就陷入了一个死循环，一个永远也解不开的死结。

当时我的想法是只要在工作岗位上足够努力，就能有所突破；如果没突破，那一定是我还不够努力。当时的我并没有意识到，企业的整体发展不是由我个人的努力决定的，所以我不管怎么努力都无法突破这个"天花板"。

那位女导师确实有很强的授课水平，可是她也遇到了没有授课机会的困境。面对困境，她应对的方法是等待，等待别人主动来找她。她根本不会去主动推销自己、展示自己。结果自然就是无人问津。然后这个结果又强化了她的决定，她觉得自己要继续等待……其实，她跟当年的我一样进入了一个死循环。

那位导师的脑海里一直萦绕着这样的想法——"推销自己是一件低声

下气的事情""酒香不怕巷子深"，此时她便陷入了一座封闭的"围城"之中。人生有时候就是这样，当我们有了锻炼的机会，才会有更快的进步；如果没有锻炼机会，水平就得不到提升；水平得不到提升，就更没有人找我们……"酒香不怕巷子深"确实有其道理，但这要有一个先决条件，就是酒要足够香，香到所有人都闻得到。如果你的酒没有那么香，或者别人都在积极地推销自己的酒，那么你要先走出去才会有机会，有了机会，你的水平才会不断提升，只有这样你才能吸引来更多的"蝴蝶"。

上面我所讲的内容，可以用心理学中的**"第一序改变"来解释——当我们陷入某个无形的框架之中，就算再努力，如果这个框架不被打破，不管你再怎么努力，都是没有结果的。**原因很简单，你被困在一个困局里面了，困局的背后是一个稳定的框架，这个框架并不是外在的环境，也不关乎你的能力，它跟你的想法息息相关。

比如前面"省钱"的那个例子，有人认为钱是省出来的，可是钱真的是省出来的吗？我们有没有见过一个人是通过省钱变成富人的？事实上，钱不是省出来的，而是赚来的，要赚更多钱，则需要让自己值钱。

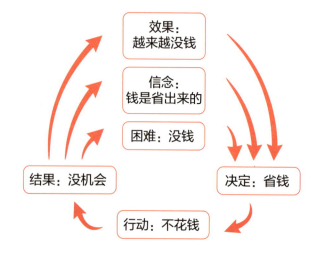

从困局到生机，一念之间

　　不光是挣钱，我们人生所有的困局，都源自大脑中的某个想法，当这个想法转变之后，我们的人生就会从根本上发生改变。世界无限，除非你画地为牢，自我设限。而很多的改变，往往就在于"动心起念"之间。

　　当你看清困局背后的框架，知道了问题的根源时，你就能从第一序改变走向第二序改变——你不再在困局里挣扎，而是跳出当下的困局，寻求改变。只要你能够从第一序改变进入第二序改变，你的整个人生就会发生改变。

　　关于省钱这件事，当你能清醒地认识到"钱并不是省出来的"，你便不会再坚持那个让自己陷入困局的观念。换一个假设，如果你愿意把关于金钱的观念改成"钱是用能力挣来的"，那么你的决定就会变成"提升能力"，而行动就会是"学习和成长"，结果自然就是"变得更有能力"，然后"用更强的能力去赚取金钱"，这样的结果会强化"钱是用能力挣来的"这一心理基础。如此，死循环就成了一个正向循环。

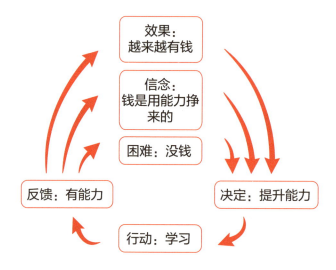

二十多年前我工作的那个单位，在我离开后没几年就倒闭了。如果我只是埋头工作不抬头看远方的路，等单位倒闭了再出来找工作，只怕会更加艰难。我离开了那家单位，拥有了一个更广阔的天空。同样，那位女导师如果愿意改变自己的想法，主动营销自己，这便开启了第二序改变。如果她不愿意改变自己的想法，只怕她会一直等下去。

从困局到破局，你需要抛开原来的那个心理框架。这个框架可能是一个有形的框架，比如发展不好的单位、没有前景的工作；也可能是无形的框架，比如我们头脑中那些"病毒性"想法。

如果你用心理解这个循环，我相信，你一定会发现一些一直被你忽略的东西。当你能找出那个困住你的观念时，你会发出会心的微笑。如果你能看见，就可以重新选择，就会跳出这个困局，从第一序改变走向第二序改变。

跳出自我设置的牢笼，你才能发现更大的世界。

财富行动指南

1.关于钱，你最大的困难是什么？你被什么给困住了呢？

2.用本章的知识"困境—决定—行动—结果"循环，将你自己的困难按照同样的格式写下来。

3.思考如何突破这个困局。

从第一序改变走向
第二序改变——
不再在困局里挣扎
而是跳出当下的困局
寻求改变

Chapter 02
有钱人跟你想的不一样

在日常生活中，我们总能遇到一些能力很强，但收入平平的人；但有些人看起来平平无奇，却过着十分富足的日子。关于金钱，其内在到底有什么规律呢？有钱人到底是如何思考财富的呢？

在之前的内容中，我们提到了第一序改变和第二序改变。所谓第一序改变，就是在原有的框架和假设下努力，最终却发现怎么努力都没有效果；而第二序改变是跳出原有的思维框架，在新的系统里工作。

在本章内容中，我们将换一个角度去思考财富，以期发现我们究竟在哪些地方，与有钱人产生了差距。

真的是钱把你害惨了吗

　　前文中我提及：在一次讲课过程中，我请一位说自己受够了穷的男学员上台，他在说起自己的往事时手一直在抖；想到自己小时候因为偷钱被爸爸暴揍一顿的事情，他甚至哭了出来。

　　当然，他的发抖和哭泣，是因为我在现场做了引导——我留意到他身体的反应，并引导他去关注自己的身体。《身体从未忘记》这本书里有一段这样的描述：我们的身体会把我们以为忘记的东西记录下来，身体是知道答案的。所以，顺着他的肢体反应，我便引导他回忆起童年的这个经历。

　　当他的情绪平复了之后，我问他："这件事让你对金钱产生了什么样的想法？"

　　他说："我这辈子都被钱害惨了。"

　　一个人如果认为钱是害人的，他怎么可能会让钱靠近自己呢？即使头脑中很想挣钱，但潜意识也会出现各种阻碍。他将"我这辈子都被钱害惨了"这个想法当成了事实，潜意识中的**认知与现实融合**。后来我不断疏导他，帮他认识到不是钱在害他，而是"没钱"的念头在作祟。他突然间有了一种如梦初醒的感觉，这个过程，我们将其称作**"认知解离"**，就是将想法与事实分开。

在生活中，我们总喜欢把自己的想法等同于事实，其实我们的想法仅仅是想法而已，它们并不是事实。

为什么一个简简单单的观念改变，就能改变一个人的命运呢？究竟改变了什么，才让这位学员在一年后收入增加了那么多呢？要想充分解决这个问题，我们得先了解两个行为认知理论。

两个理论：ABC和ACT

1. ABC 法则

美国心理学家阿尔伯特·艾利斯认为，不同的人对于同一事件会有不同的情绪和行为反应。并非事件本身引起了这种反应，而是人们对事件的不同看法，导致了不同的反应。看法在这个理论中被称为"信念"。

ABC法则中的A是指诱发性事件（Activating event）；B是指个体在遇到诱发性事件后产生的信念(Belief)，即他对这一事件的整体看法、解释和评价，也就是本节内容所说的"意义"；C是指特定情境下个体的情绪及行为后果（Consequence）。

很多人认为事件引发了一个人的情绪和行为，但是ABC理论认为，事件只是激发了我们的信念系统，让其发挥作用。由于人们对各种事件的看法不同，才会出现各种不同的情绪和行为。也就是说，你赋予一件事情的意义，将直接影响你对该事情的感受和行动。

这个理论可以解释为：面对同样一件事情，有些人表现出一种行为，另一些人表现出另一种行为，在其中真正起作用的却是 B——你的信念。

这说明我们的行动和反应，往往跟我们面对的事情并没有太多关系，而取决于我们的想法。例如，有些人认为运动有利于健康，但另一些人却不以为意，觉得人应该学习乌龟，一动不动就能长寿。有前一种想法的人会坚持运动，最终会有一个好身材；后一种人的行为就是"宅"，结果很可能是身体发胖。

可以说，我们的想法和信念直接决定了我们的行为，做或者不做取决于我们大脑中的想法。**我们的生活现状，是我们过去行为的直接结果。而过去行为的背后，一定是有其信念支撑的，所以说信念决定了我们的人生。这就是 ABC 法则。**

2. ACT 理论

ACT（ACT 则是 Acceptance and Commitment Therapy，接纳承诺疗法的缩写）也是行为认知流派的一个分支，由史蒂文·C.海斯博士提出。接纳承诺疗法主要是"灵活六边形"理论，接纳、解离、承诺行动以及接触当下。这个理论说的是如果我们遭遇一件创伤性事件，后续会有一系列的反应产生。

要想透彻理解这个理论，我们必须通过一个案例：

我的课程中有个疗法叫"时间线疗法"，这种疗法旨在利用心理学的技巧，将当事人带回到过去，面对曾经给他们的人生带来创伤的一些事件，以便让他们能够在今后的生命中更好地前行。

曾经一位学员在接受咨询后，发出一声惊呼："天啊，世界竟然是这个样子的！"接着，他瞪大双眼，语无伦次地说："原来……红色是……

这样的……鲜艳……"

在做这个咨询的时候，我引导他回到了小时候的创伤事件里：当时，他五六岁，坐在亲戚家轿车的副驾驶位置——我们都知道，为了减少汽车行驶过程中的意外伤害，儿童是不能坐在这个位置的。可那天意外真的来了，他记得当时眼前的风挡玻璃上洒满了鲜红的血液……在治疗的过程中，每当他想起这个场景就会浑身发抖，同时会伴随着尖叫声……仿佛他又变成了那个被吓坏了的小男孩。

为什么治疗之后，他看到的世界会不一样呢？原来，风挡玻璃全是鲜血的那一幕，让他幼小的心灵受到了极大的震动，潜意识为了保护他不再受到惊吓，就选择性地削弱了他对红色的感知能力，甚至一度关闭了对红色的感知。

在这个个案中，通过"时间线疗法"疗愈了他对创伤的恐惧，从而打开了他潜意识的"开关"，恢复了其对红色的正常感知能力。

类似的案例在我的工作中数不胜数，为什么会这样呢？人在经历某些痛苦事件之后，潜意识为了保护自己，通常会有两个选择，一是选择性地关闭大脑的某些功能，这种选择叫作"经验性回避"；二是让大脑中的某些反应功能变得过于敏感，就是俗称的"过敏"。身体会过敏，心理也会过敏，比如恐高就是一种心理过敏。

经验性回避，是潜意识为了避免主体再次体验痛苦，压抑、控制或消除某些痛苦的经历，关闭身体的某些感知功能。这样的结果自然能够避免主体感受某种痛苦，但同时会让主体的生活空间萎缩。就像那位童年时发生车祸的学员那样，无法像正常人那样感受红色。

而童年因为偷钱被父亲打了一顿的学员也一样，这次经历给他留下了一个严重的心理创伤，他会因为这个创伤而出现**"经验性回避"**。

潜意识最主要的功能是为了保护人类。当年因为钱而被揍，这个伤痛的经历会让潜意识采取经验性回避——回避金钱，回避跟钱有关的事情。这个学员之所以会觉得"钱把我害惨了"，其实就是源自潜意识中的经验性回避。

进一步分析的话，我们还可以从认知融合理论，来阐述这位学员对金钱的认知。

认知融合是指人们的行为，会受语言和思维的控制，最直接的表现便是心理僵化——人们倾向于认为自己是对的，为了回避再次受伤害，大脑会产生"钱把我害惨了"这个想法来协调内部冲突。进而，他将这个想法等同于事实，这便是**"认知融合"**的整个路径。

就好像地图不等于实际的疆域，但人们往往会把自己心中的地图等同于疆域。

比"认知融合"更进一步的是"概念化自我"对该学员的影响，概念化自我是指通过概念将自我定义为某种僵化的评价，语言上通常表现为"我是什么样的人"。认知融合之后，便会产生一个**"概念化的自我"**。

因为他一直都赚不到钱，所以会自动启动自我防御机制，试图将现状合理化，他会在内心进行这样的心理建设——像我这样的人，可能这辈子就这样了，或者认为自己这辈子就是一个穷人……所谓"概念化自我"，就是给自己贴一个标签，为自己的人生下一个"明确且正常"的定义。

一个人一旦给自己贴了一个标签，他就会忘记自己真正想要什么。传统层面上的价值，就会在他的心理中呈现出混乱的状态，这叫作**"价**

值不清"。

我们每个人都倾向于证明自己是对的，那他为了证明自己是对的，就会进行这样的心理重建工作——我之所以挣不到钱，是因为我就是一个命不好的人，或者说我生来就是个穷人。这便是价值不清的直接表现——不再试图在价值层面确立自我的正当性。于心理层面而言，其实际效果远比"有道理"更为重要。可惜的是，绝大多数人都看不到这一点。

价值不清会导致两种严重的后果：**一是"缺乏行动"；二是"盲目行动"。**当一个人不知道自己该如何做，以及做什么时，这个人将会出现习惯性拖延。有人以为这是一个人的性格原因，其实背后的根本原因是他不知道自己要做什么。当一个人的价值不清时，有些人也会表现为盲目地行动，做一些低级、愚蠢的事情，比如酗酒等。

当一个人价值不清时，为了避免自己再次受伤，通常会将自己安置在一个安全但十分逼仄的心理空间内，心理学上把这个空间叫作**"舒适地带"。**

当一个人处在舒适地带时，他的视野会局限，焦点随之也会固化，进而看问题的角度会越来越偏激。例如，"认为钱害了自己"的那位学员，因为小时候的创伤，他便将自己的焦点对准"钱是有害的"。这样的思维聚焦，自然让他难以看到更多的赚钱机会，心理学上将这一思维路径叫作**"焦点固化"。**

这里的"焦点固化"反过来又会强化前面说到的"经验性回避"。如此，一个完整的心理闭环就形成了。如果不主动跳出来，他这一辈子就会在这个闭环里循环往复。

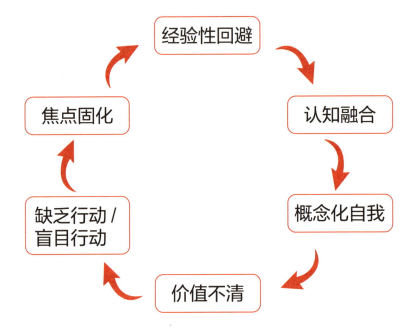

有钱人和穷人的最大区别是什么

在这个案例中，我为该学员做了哪些心理重建？为什么一次咨询之后，他的收入就会大幅增加？其实，我做的事情很简单，我仅仅让他看清楚了一个事实——**他的想法并不是事实**。

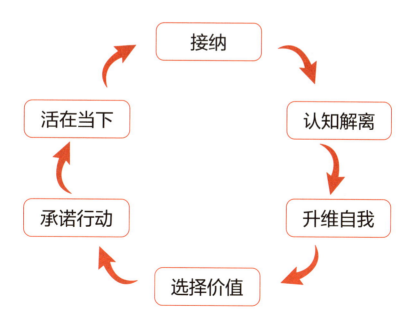

第一步，我将他的潜意识引导回了童年，用现在的经验以及人生经历，重新去看待这一经历，不抗拒、不回避。在心理学上这叫**"接纳"**，即接纳生命中的创伤。

第二步，我引导他将视角抽离原有的角度，用理性的视角来重新看待这个事件，让他看到"钱把我害惨了"仅仅是他当年的一种想法，并不是事实。这一步是**"认知解离"**，从而分清想法与事实。认知解离之后，他便能够明白，并不是钱把他害惨了，而是因为没钱，他才会产生错误的行动——偷钱。

第三步，引导他产生新的想法——要成为一个有钱人，不再受钱的困扰。这样他的自我维度就会得到拉升，这一步叫**"升维自我"**。其实就是从不同的时间、空间和思想上，改变他原来的想法，将他从当年以为是事实的想法中彻底解脱出来。

第四步，当我把他带到一个更高的维度去重新审视那件事后，他就会明白自己究竟想要什么，进而清楚地**"选择价值"**。如此他就会产生一个更大的行动力，去做出**"承诺行动"**，他的人生就会**"活在当下"**，不再固着在原来的观点中。

在这样的认知基础上，他的视野自然就会更为开阔，他对人生中需要面对的事情，会有更多的**接纳**。自此，他便跟正确的金钱观产生了连接，变得不再排斥金钱。

我相信，此时你已经明白了有钱人和穷人的关键区别了。

我们回到之前提到的第一序改变和第二序改变。从这个角度，让我们重新回到该学员当年的事件，经过认知解离跳出原来的想法，从新的角度以及不同的时间和空间来重新看待这件事，改变原来的观念，便会引导该学员进入一个新的循环。这个新的循环，其实就是第二序改变。当我们有了更清晰的价值观以及行动力之后，就会建立起与金钱的正向连接。

为了让大家更透彻地理解，我再用一个恋爱中经常会发生的事情来做分析。如果你明白了这个道理，你不光能处理好金钱方面的事情，也能处理好人生各方面的事情，这就是大家经常说的"一理通，百理通"。

假设，一个女生在一场恋爱中被男友"伤害"了，为了避免再次受伤害，她可能会经验性地回避该类事件，比如不轻易进入下一段恋爱，甚至减少跟男人接触，甚至认为男人都是坏人。一旦这个想法产生，她就会把这个想法当成事实。

进而，她就会产生一个概念化的自我。她认为自己这辈子就是跟男人没缘，或者她会觉得单身挺好，就想做一个单身主义者。有了概念化的自我之后，她的价值观紧接着就会出现混乱，她渴望一段恋爱，可又不敢，也不愿意承认，此时她会更加迷茫，不清楚自己到底想要什么。

为了避免受到来自男人的情感伤害，她就选择一直单身，如此她就更加没办法体验爱情的甜蜜了。又或者她不会把焦点放在男人身上，她可能会远离男性，就算在工作上不得不跟男性有交往，也会跟他们保持一个比较远的距离。因为这样的焦点固化，她就会进入到下一个循环，就是经验性地回避，回避更多的男人。

这同我们大多数人对金钱的认知一样。一个人没钱，跟一个人没有男朋友或女朋友，在某些程度上来说是一样的道理——大都是被脑海中的某些观念局限住了。

你对金钱的观念是怎样的呢？如何让自己对金钱有更清醒的认知？很简单，不妨从不同的角度写下自己关于钱的种种想法——比如说你对钱是怎么看的，你对有钱人是怎么看的，你对赚钱又是怎么看的……然后问自己一个问题：这些想法能够帮助我变得更有钱，还是会阻碍我变得有钱？那些阻碍我们变得有钱的想法，可以被叫作"病毒性观念"。我们阅读本书的最大目的，就是把这些有毒的观念找出来。

然后，不断地提醒自己去清理这些有毒的想法。就像你已经发现了危险，那么大概率上你是不会再遭遇这些危险了。这些病毒性想法之所以如此天经地义且根深蒂固，是因为这些想法曾帮你抵御过来自外界的危险，而随着时间的推移，它会给你造成无形的伤害。当你能够找到它，并对它保持觉察的时候，它对你的伤害就会减少。

📀 财富行动指南

1.找一个本子和一支笔，写下你关于钱的种种想法。

2.问自己一个问题，这些想法是帮助我变得更有钱，还是阻碍我变得有钱呢？

病毒性想法之所以如此
天经地义且根深蒂固
是因为曾帮你抵御过
来自外界的危险

Chapter 03
贫穷的本质：三个途径解决障碍

在之前的内容中，我们已经了解了第一序改变和第二序改变的概念，"有钱人"和"穷人"的一些区别，以及"困境—决定—行动—结果"恶性循环和"病毒性观念"的概念。阅读完这些内容之后，你是否有新的发现？

可能有些朋友会发现，原来自己是被这样的想法限制住的，然后一下子豁然开朗；可能有些朋友察觉到自己有一些现在才发现的"有毒"的观念，迫切想知道接下来该怎么做；可能还有些朋友知道了其中的道理，可生活依旧没有发生什么变化。

在本章内容中，我们将会重点讨论是什么在阻止我们变得更有钱。为了方便大家理解，我会通过对两个事例的分析加以说明。

圈层固化是如何形成的

　　第一个事例是关于消灭疟疾的。大家应该知道曾经有一种非常恐怖的传染病——疟疾，这种病是通过食物、水、蚊子传染的。这种传染病很早之前便在大多数国家或地区消失了，而在非洲大陆上，由于经济以及观念的落后，这种恶性传染病到现在也未被根治。由于缺医少药，人一旦得了这种病就会很危险。在非洲，每年有成千上万的人被这种疾病夺去生命。

　　NGO（Non-Governmental Organization 的缩写，非政府组织）除了给他们提供药物之外，还想为他们提供有效的预防措施。预防措施主要有两个，一是防止蚊子的传染；二是防止水源的传染。NGO采购了大量的蚊帐给每家每户派发。但很遗憾，只有不足10%的人会使用他们派送的蚊帐，其余90%的人会把这些蚊帐放在家里闲置，或者给母猪做窝，等等，反正没有人挂起来。这样的结果让志愿者们极度失望，他们怎么也想不明白，这是性命攸关的事情，他们为什么就不使用呢？

　　为了让当地人使用蚊帐，义工们深入乡村，用各种手段进行宣传教育。我就是出身农村的孩子，记得小时候政府通常都是通过放电影来做思想工作。NGO的义工也差不多做了同样的事情，经过大量的宣传之后，他们发现蚊帐的使用率提升到了40%左右。但很遗憾，还有60%的人没有使用蚊帐，这些没有使用蚊帐的人很容易感染疟疾。而且，他们的排泄物也极容易污染附近的水源。

为此，这些义工又开始深入研究。最后他们想到一个方法，就是强制执行。怎么强制呢？非洲不光会受疾病的困扰，也受缺少食物的困扰。义工们就将这两者做了挂钩：在供应食物的时候，如果发现谁家里没有使用蚊帐，就不给他发放食物。这些穷人为了得到食物不得不挂起蚊帐。自此，剩下的60%的人也就慢慢养成了使用蚊帐的习惯。

这个事例中包含了三个数据：最开始派发蚊帐，仅有10%的人主动使用；通过做思想工作，又有30%的人开始使用；最后通过强制手段，剩下60%的人被迫开始使用。

第二个事例是关于种子改良的。非洲的粮食作物种子比较落后，这直接导致了收成不好。NGO就采购了一大批优良的种子给非洲农民改良作物品种。他们刚开始也是直接把种子派发到农民手里，可是他们派发的种子大部分都进了农民的肚子——因为缺少食物，他们很快就把种子煮熟吃了。只有不到10%的人会把种子用在播种上。

然后，这些义工又用了跟前面差不多的方法，通过一轮又一轮的思想工作，播种良种的人大致提升了30%，达到了40%，但还有60%的人依旧无动于衷。

最后，这些义工还是不得不采取了强制手段——让他们把地平整好，亲自把种子撒到土地里，而不是直接发给他们。你看到的还是三组数字：

10%、30%、60%。10%的人一旦获取了某种信息，他们就会去使用，就会去改变；30%的人需要做思想工作，才会改变；剩下60%的人则需要强制执行。

前面提到的两个事例，来自一本叫《贫穷的本质》的书，这本书其实不是写给普通老百姓看的，而是两个经济学家写给各国领导人看的。他们在全世界各地做了大量的扶贫工作，然后总结了一些数据，希望能更好地帮助世界上的一些贫穷落后的人脱贫致富。

在这些事例中，有一组数据会反复出现，耐人寻味。而这两个事例都跟这组数据有关。当然，这是一本非常严谨的书，里面的数据非常复杂，我希望借这些事例给大家一些关于"改变"的启发。所以，我对书中的案例和数据进行了简化处理。

这样一组数据，在不同的事情上却如此巧合地重复着，那么，一定有其内在规律。

这世界上有三类人。第一类人是先知先觉的人，他们一旦获知了某种信息，就会很快把这个信息变成行动。 这自然就会得到与以往不同的结果，改变自己的人生。经过大量的统计学调查发现，这类人不足人类总体的10%。也就是说这10%的人可以被称为"社会的先知"，他们能够抓住很多转瞬即逝的机会，大概率上来说，他们会是先富起来的那拨人。

第二类人大约占人类总体的30%，他们需要转变自己的观念，要完全相信和彻底想通才会去做。 如果他们没想通，就永远不会迈出第一步。所以，限制他们的并不是能力，也不是机会，而是大脑中的某些想法。这30%的人可以通过接受教育改变观念，获得人生的财富，或者让自己的生活过得更好。

第三类人就是剩下的60%的人，他们不管怎么被教育都不会采取行动。这样的人因缺乏自律，会把自己的人生交给命运。大多数人都属于这个群体，如果没有人去强制他，他就会随波逐流或者在原地打转，所谓的"圈层固化"就是这么来的。

从这些数据就可以知道，大概有10%的人通过信息便可以脱贫致富；30%的人需要一次次地说服自己，把事情完全想通了之后才会开始行动；剩下的60%的人需要外力的干预才能致富。

如此，脱贫致富大致会经过如下三个途径：获得信息，改变观念，自律与行动。

如何获取高价值的财富信息

身处互联网时代，从表象上看，获取信息好像并不是什么难事，可是，真的是这样吗？

2017年，我开了一门课程。在那个课程上，我认识了一位叫黄伟松的同学，他是做股票投资的。在跟他的交往中，我获知了一只值得投资的股票。当时，那只股票的价格是一股35元，我买了一些。一年之后，股票涨到了一股八十多元。

通过这个故事，我想告诉大家，我们获取的信息并不是全部都有用。在互联网时代，信息过于泛滥，很多信息都是错误的或者是无价值的。而少量有价值的信息，往往掌握在某些专业人士的手里。所以，要想获得有价值的信息，最好的选择就是有意识地接触专业人士或某一行业的佼佼者。

改变观念，打破固化思维

对我们普通人来说，信息固然重要，但从前面的案例中我们知道，获得信息后，只有10%的人会采取行动。这10%的人便是先知先觉的智者。

我在二十年前就有过几年的证券从业经历，我觉得证券很大程度上来说是一种类似于赌博的行为，输多赢少。所以，此后的生涯中，我再也没有投资过股票，因为我见过无数人在股市里倾家荡产。

但我的这位学员却颠覆了我对股票的观念。为什么呢？因为他完全不是从博弈的这个角度来理解股票的，他是从资产的角度来理解的。他说："团长，如果有一个市值一个亿的公司，但是你要用两个亿来买，你会不会买？"

"当然不会买，价格太高了。"

他接着说："那如果一家公司还是市值一个亿，你只需要用5000万或者6000万就能买到，你会买吗？"

我说："我肯定会毫不犹豫地买，但是，有谁会把价值一个亿的公司，用5000万或6000万卖出去呢？"

　　他说："这在现实世界里是不会出现的，但在股票市场中却经常会出现，这就是股票奇妙的地方。为什么这么说呢？因为股票是有情绪的，存在所谓的'羊群效应'。什么意思呢？就是在牛市的时候，大家都非常疯狂，股票的价格就会涨得特别快。但是，在一些经济不好或者有利空消息出来的时候，很多人都会恐慌性地抛售，这时候股票的价格就会非常低，甚至远远低于它现有的价值。所以，我投资股票并不是像一般人那样做博弈，而是从资产的角度去买一些被低估了的优质资产，而这些资产是有增长价值的。"

　　反躬自省，约有30%的人是需要改变观念后才行动的，我就属于这类人。

自律与行动，先从了解自己开始

除了"信息"和"观念"，对于如何改变自我，更多是一个"自律与行动"的问题。

自律，大多数人都知道，但却做不到，需要外力的约束和监管才会行动。所以，60%的人就会被困在这里。自律虽然不容易，但只要你愿意，心理学还是有方法能够帮助你突破这一限制的。

那如何才能自律呢？自律，得先从了解自己开始。

心理学家曾做过这样一个实验，测试吸烟者控制自己的能力。实验根据老烟民的自我评估，把他们分为"高自控力"和"低自控力"两组：认为自控能力较低的人可以把香烟、火柴放到远离自己的地方，但这样获得的奖励比较少；认为自控能力高的人，可以把香烟、火柴放在触手可及的位置，这样获得的奖金较高。这样，只要能看完一部电影不抽烟，便可获得奖金。

实验的结果是：那些认为自己自控力高的烟民，失败率是认为自控力较低的人的三倍。

通过这个实验，我们能够知道，只有承认自己不够自律，你才有可能接受下面的自律方法。

提升自律有两种方法，一种是外求，就是借助外力把你推到一个轨道上；一种是内修，就是自己慢慢培养内心的驱动力。

（一）外求

外求的方法有很多，在这里，我给大家介绍三种比较常用的方法：

1. 找一个教练

不管多么优秀的运动员都会有自己的教练，因为教练可以唤醒你内在的力量，帮你指出盲点；还可以在你倦怠时给你打气，帮你突破一个又一个瓶颈。竞技体育如此，赚钱也是一样。如果你真想变得富有，建议你找一两位志同道合的朋友一起看这本书，让他们督促你完成既定的计划，相互监督，相互约束。这样，就有一股来自外在的力量强制你去行动，只要有行动，就一定会有结果。

2. 当众承诺

心理学专家曾做过这样一个实验，测试有多少人愿意参与社区义工工作。当他们直接去邀请业主参与义工工作时发现，大多数业主都会以工作忙、没时间、身体不好等理由推托。

后来，他们想了个办法，先做一套"准备工作"——挨家挨户发调查问卷，问卷上是一些很简单的问题。其中有一条是：你是一个热心公益的人吗？基本每一个住户都会选择"是的"。有了这份"承诺"，接下来的事情就好办了。一周后，这些义工再度登门，对业主说："您好，上次填表的时候我们发现您是一个热心公益的人，现在我们社区需要做一些公益活动，想招募一些义工，现在郑重邀请您参与这个活动。"

有了之前的铺垫，现在发出的邀请，被答应的概率会大幅提升。这就是大脑的特性——**一致性！当你在之前表达了一个观点后，你之后的言行就要同这个观点保持一致，如果不一致，你的内心就会产生失调感。**

3. 选择你的交往对象

为什么交往的对象与自己是否有钱有关系呢？

心理学专家研究发现，大脑有两个特性：节能性和趋同性。

（1）节能性

美国亚特兰大大学曾做过一项研究，他们找来一批大学生来做一组金融决策类题目。在做题过程中，他们会用一个设备来检测学生的大脑活动。在这些测试题中，A类是专家会给到的建议，就像我们买股票时会参考证券经纪人的建议；B类是没有专家建议的，需要学生自己思考作答。

结果实验人员发现，做A类题目时，大多数人会直接选择专家建议的答案。监测的仪器显示，当学生面对A类题目时，大脑的工作基本是停止的，也就是说，大脑负责思考的区域是不活跃的；而在做B类题目时，这些学生的大脑会非常活跃。

在这个实验中，心理学家发现人的大脑有一种"节能"的功能——在无关生存威胁的时候，能偷懒就偷懒——这就是人们为什么非常容易受别人影响的原因。

（2）趋同性

哈佛大学的心理学专家曾做过一项实验，让一组男同学对一组女同学的照片进行评分，也就是"美貌评比"。在男孩们给每张照片打完分后，专家会再给该图片一个平均分，只是这个平均分是假的，男同学并不知情。

当实验者用仪器监测这些学生的大脑时发现，当他们用自己的评分对比专家给的平均分时，如果自己的评定和平均分基本一致，他们大脑中的神经就会很活跃；但如果两个分值出入比较大，神经就没那么活跃，被检测的学生还会流露出挫败感。

这是因为人是群居性动物，当自己的观点和群体一致时，就会产生群体归属感。人们会自动调节自我，尽量让自己的观点和所在的群体一致。所以，你跟什么样的人在一起，你也会成为什么样的人。

从大脑的这两个特性中，我们可以知道，个体是非常容易受别人影响的。所以，选择你所交往的对象，不仅会影响你的思想，同样还会影响你的行为。

社会学家研究发现，每个人交往的朋友数量基本是恒定的，并不会因为社交网络的发达而增加。当然，社交网络会让你认识很多人，但仅仅是认识而已，大多数并无深入交往。荷兰社会学家杰拉尔德·莫伦霍斯特研究发现，人们每七年便会失去一半的朋友，但同样也会结交一批新朋友，朋友圈的规模基本上保持恒定不变，也就是说，你少交一位损友，就会多交一位益友。

（二）内修

内修有点像中医。一个人得了感冒，西医的方法是给你打抗生素，吃消炎药，通过外在的力量去消灭体内的病菌。而中医强调的是固本培元，通过调理你的身体，提高身体免疫力，让你由内而外地疗愈自己，这是中医和西医的最大区别。

行动力也是一样，如果你缺乏自律，可能是内在的力量不够。

有研究发现，生存大约会消耗人类50%的生命能量，有25%被性消耗了，剩下的25%则被杂乱的思想和不稳定的情绪消耗了。此外，人们是通过食物补充人体能量的，但现代人营养过剩，过量的食物不仅没有办法增加能量，反而会消耗大量的能量。

通过这些知识，我们便能知道，增加身体能量可以有如下方法：

1.适当的饮食，避免暴饮暴食；

2.适量的性生活，避免耽误正常的工作时间；

3.降低杂乱无章的思想和不稳定情绪的能量消耗。

关于自律和行动，在本书后面的内容将做深入探讨。读到这里，你大概已经知道，自己为什么还未能实现财富梦想。

如果对此你还不够清晰，建议你找几个朋友聊聊，听听他们的反馈，看看束缚自己思想的到底是什么，是缺乏信息，没有建立恰当的观念，还是不够自律？

🐚 财富行动指南

1. 如果你现在还不是很富足的话，探索自己贫穷的本质是什么。是缺乏信息，还是没有建立恰当的信念，或者是不够自律？

2. 你打算如何补足这些缺陷？

10% 的人通过信息脱贫致富

30% 的人需要把事情完全

想通才开始行动

60% 的人需要外力的干预

才能致富

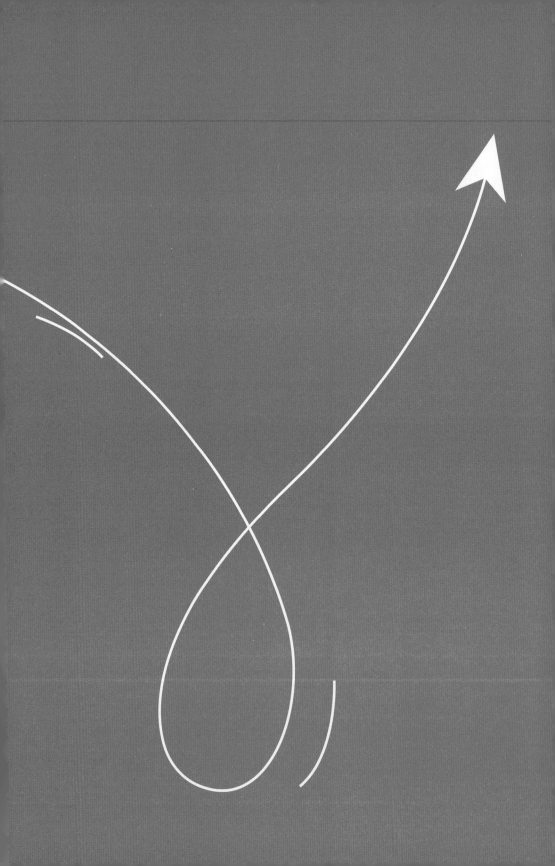

挣钱篇

如何挣到第一桶金

Chapter 04
挣钱的常识

　　从本章开始，我们正式讲挣钱以及一些具体的挣钱方法。我在开篇内容中就提到过，获取财富大概有三个渠道：第一个是挣钱，第二个是赚钱，第三个是值钱。

　　我们先从挣钱开始讲述。

你真的敢挣钱吗？

我们都想获得足够的财富，但财富从哪儿来呢？

从非常直白的层面来说，你的钱其实是从别人口袋里来的——市场上流通的钱的总量在一段时间内是固定的。你的钱变多了，就意味着一定有人的钱变少了。

这里就会产生一个问题，你把钱从别人的口袋转移到你的口袋，你真的好意思吗？

首先，我们做一个小小的试验，让你体验一下挣钱的感觉。如果你身边有人，我请你问他："能不能把你口袋里的钱放到我的口袋里？"如果你真的去做这个实验，你有什么感觉？我猜你会很不好意思，觉得这怎么可能呢？别人怎么会愿意把钱自愿给我？

如果此时你身边没有别人，那我同样邀请你给一个足够信任的朋友打个电话，问他能不能把他的钱借给你一点。此刻，你可以问问自己的内心：当你去跟别人借钱的时候，是一种什么感觉？是坦然，还是羞耻？

当你体验到真实的感觉之后，你就会知道，让别人把钱从他的口袋

放在你的口袋里，其实是非常难的一件事情。我们在这里不考虑对方愿不愿意的问题，我们首先应该关注的是：我们会觉得不好意思。

我记得大概是五年前，我得了牙周炎，非常疼。周末很多医院的医生不上班，我实在没办法就找了我的一个做牙医的学生，她叫罗倩倩。当时我是挺不好意思的，因为我不太习惯以病患的身份出现在学生面前。

当我躺在诊疗椅上张开嘴巴的时候，罗医生惊呼起来，说："哎呀，团长，你缺了三颗牙，怎么会这样？"我顿时感觉满脸发热，因为我把我的弱点暴露在了学生面前。但是，我也不得不回答她这个问题。我说："是啊，小时候父母没有让我建立保护牙齿的意识，所以牙齿从小没有保护好。"

罗医生问我："团长，那你有看过牙医吗？"

我说："我当然看过。"

她说："如果你看过牙医还缺了三颗牙，那就不是你的错了，是你的医生的错。"

我很惊讶，因为我所学的心理学知识，让我知道我们要为自己的所有事情负责，因为自己才是一切的根源。

罗医生跟我普及了一个基本常识。她说："一个人的牙齿变坏大概会经历三个阶段。第一个阶段就是牙齿起牙菌斑，牙菌斑的出现表明细菌在侵蚀我们的牙齿。这个阶段牙医会帮你把牙菌斑去掉。要是你没有去看牙医，就会经历第二个阶段，细菌会进入你的牙周、牙髓。你会得牙髓炎、牙周炎，牙医会帮你做一个根管治疗，帮你补好这颗牙。如果仅仅是止痛了，而没有去做根管治疗，那么就会进入第三阶段——牙齿变脆，只要你咬了一些硬物，你的牙就会碎裂，甚至脱落。在这个阶段，牙医还是可以帮你戴上一个烤瓷牙冠的。"

她说："很明显，团长，你的牙缺了三颗，就是因为这三个阶段都错过了治疗，这是牙医的责任，因为他没有建议你继续治疗。现在我再不会放过你，因为我们还有第四种补救的方式——种牙，这样它们还是可以为你服务，一直到老都没问题。"

我就问："那大概要多少钱呢？"

她说："两万多一颗。"我一算，要花六万多块钱。

于是我说："罗医生，你很会销售。"

罗医生说了一句让我非常震撼的话，她说："团长，我不认为我这是在销售，我认为这是一个牙医的良知和责任。你想想如果我今天不让你种牙，你其他的牙齿就会像多米诺骨牌一样，一个接一个坏掉，你满口的牙很快都会没有的。我不忍心看到我的老师满口没牙地给大家讲课。所以我一定要帮你把这几颗牙种上，这是我的责任。"

我经常在我的课程里讲起罗医生的故事，她是我见过的最好的牙医。她的生意非常火爆，需要预约看牙，经常要排好几个星期，甚至好几个月。

关于挣钱的五个常识

为什么有些人能够像罗医生这样理直气壮地挣钱，而有些人一提到钱就不好意思呢？在这里，我想同大家分享五个挣钱的常识。

第一个常识：在一定的时间和范围内，钱是有恒定总量的。也就是说，你的钱多了，某些人或者某些机构的钱就少了。当然，政府可以投放更多的货币，那是宏观经济的事，在这本书里我们不做过多讨论。

第二个常识：钱是交换的凭证。你要获得别人的钱，就必须为别人提供等值或者更大价值的产品或服务。如果你不能给别人提供价值，又想获得别人的钱，那么你不是乞丐、骗子，就是强盗。这些危害他人以及社会的事情，我们当然是不能去做的。所以，你要挣钱，就必须能为别人提供更大的价值。

罗倩倩医生之所以能理直气壮地赚老师的钱，就是因为她知道她能为我提供更大的价值，所以她心安理得。

第三个常识：你能提供的价值不仅仅是有形的价值，还包括无形的价值。大多数人只会狭隘地看到物质的价值，比如手头有哪些东西可以变卖成钱，或者自己可以做出什么东西卖钱，而看不到无形的价值。

第四个常识：一个商品的价值等于生产此商品的劳动成本，加上生产者所要赚取的剩余价值。这个理论指的是商品，是狭义上的解释。从广义经济学来看，凡是有需求的东西都是有价值的，需求越大和越稀缺的东西，其价值就越大。

第五个常识：满足别人的需求，即可拥有价值。人本心理学大师马斯洛提出的著名的"需求层次的心理模型"，即把人的需求从低级到高级分为生理需求、安全需求、社交需求、尊重需求和自我实现需求。

实际上，这五个需求都隐含了价值，也就是说如果你能满足别人的某个需求，你就能挣钱。

对于人们的生理需求，我们可以给别人提供食物、衣服、生活用品等。

安全需求，指的是我们需要有一个能让自己觉得安全的生活空间，这就催生了很多行业，比如房地产、保险，还有安保。

我们大多数人现在比较关注的社交需求，这方面的工具有微博、微信、抖音、快手、头条等。这些社交工具在当今这个愈趋"原子化"的社会中起着重要的弥合作用。

那么，尊重需求该如何实现价值呢？我们都知道，吃"海底捞"的火锅常常要排长队。为什么这么多人愿意排队呢？是因为大家都被其独特的服务所吸引，这种服务带来的精神满足便是价值的直接体现。在企业管理中，老板只有让员工感到被尊重，员工才会奋力工作，才能为企业创造更大的价值。

　　最高层次的价值是自我实现价值。自我实现价值更多可以从个体的理想与抱负层面去理解——所有人都有自己的理想或抱负，当我们满足了前四个需求之后，就会自然地努力去实现自我价值。

挣钱就是提供价值的过程

挣钱的过程，其实就是一个价值交换的过程。那么，我们该怎样为别人提供价值呢？

首先，你可以掌握一技之长，拥有某种能力，特别是某种稀缺的能力。你拥有的能力越强，你能提供的价值就会越大，换取财富的机会就越多。

其次，关注那些能够满足人们更高层次需求的学科，比如心理学。任何商业模式都离不开人的心理，如果你能懂得人的心理，你可以更好地满足别人的需求。

为了能够用自己的价值去换取更多的财富，我们应该思考如下这些问题：

我可以为别人提供什么价值？

我准备怎么来提供这些价值？

如果暂时还没有这方面的能力，要如何准备和学习，学习什么东西？

只有当你拥有了一定的能力并能够提供价值之后，你才可能获取更多的金钱。如果你还没想到自己可以为别人提供什么价值，在这里，我可以告诉你一个小秘诀：让身边的人因为你而生活得更好，这就是你最大的价值。

如果你想获得更多的金钱，可以先从这一点做起。如果你身边的人都讨厌你，你又怎么能指望那些素不相识的人愿意给你钱呢？

财富行动指南

1.盘点自己可以为别人提供的价值，问问自己准备怎么提供这些价值。

2.如果你暂时还没有这方面的能力，那你要问自己：如何准备、如何学习，学习什么东西？

挣钱的过程

其实就是一个

价值交换的过程

Chapter 05

竞争的法门：怎么跟别人"争"钱

如何同别人竞争

一、能力比工资重要

金钱的总量在一定的单位时间和范畴内大致是恒定的。你的钱多了，就表示别人的钱少了。那么，你凭什么比别人的钱多呢？这里便会引入一个"争"的概念。如果现在的你是一个没钱的人，你必须先从"争"开始。

在从事心理学行业之前，我做的是证券行业。那时候，中国人对证券、期货等还很陌生，我也是在非常偶然的情况下进入这个行业的。彼时，我对证券一无所知，之所以会进入这个行业，纯粹是为了谋生，谈不上兴趣。但我跟其他人不一样的地方是，我的焦点并不在工资上——老板给我多少钱，我能赚多少钱，这些都不在我的计较范围内。

在这一段工作中，我最关心的是弄懂期货行业的一些专业知识，我的大多数时间都花在对这份工作的了解和能力的提升上。当我把整个行业的基本情况搞清楚之后，老板要发展一项新业务的时候，他第一时间就想到了我，因为我是最懂期货业务的员工。当他拓展一个新市场的时候，我就成了他的合伙人。就这样，我很快就从一个职员成了公司的股东。

二、合作比个人能力更重要

1997年，因为一个偶然的机会，我上了一门课程，从此喜欢上了心理学。因为喜欢，我离开了我熟悉的城市来到了广州，从一名普通职员做起。我用了不到半年的时间就做到了公司70%的业绩。当时的我在广州没有关系，对心理学也几乎是一无所知，在这么短的时间里，我是怎么做到的呢？

幸运的是，我知道如何跟人合作。当时我们在推一个香港老师的课程，我需要找到客户资源。我有在某组织工作的经历，知道这是一个非常庞大的组织，所以当时我第一个想到的合作伙伴就是它。

于是，我找了该组织各地市级的机构，一个个跟他们谈合作。合作的模式就是，该组织在当地举办一个大型的演讲会，我负责找演讲的老师、宣传策划，这个组织负责卖票，当时广东省大部分地级市的组织都跟我们合作过。他们为什么愿意跟我们合作？很简单，因为演讲会门票的大部分收益都让给了他们。当时一场演讲会多则一千人，少则五六百人，光门票就有好几十万的收入。所以单就挣钱来说，我们公司其实是有点亏本的。可是，通过老师一天的演讲，我们收获了一大批客户资源，他们有可能会因为这场演讲而购买我们公司的课程，那后续课程的收入就会非常可观了。

如何跟人竞争？能力比工资重要，合作比个人能力重要。**如果你和别人争夺同一利益，一定会两败俱伤，因为谁都想要。但如果别人要的，**

你给他；别人让出去的，你拿过来。这不就很轻松了吗？我们不要计较一时、"一池"的得失，要把眼光放长远，这样在和别人的竞争中，你才能实现后发优势。

延迟满足感，延长财富生命力

也许你会问，别人要的我都给了他，那我还剩下什么呢？

在谈判中，我们经常会提到一个词——"双赢"。那么，如何才能做到双赢呢？

1928年，美国经济学家欧文·费雪提出了"货币幻觉"概念，它是指人们只会对货币的名义价值做出反应，而忽视其实际购买力变化的一种心理错觉。什么意思呢？就是一般的人只能看到表面的利益，而那些隐藏的利益经常被忽略掉。

在谈判中，双方争夺的无非是利益。但一般人不知道利益其实有很多种，比如有短期利益和长期利益，有形利益和无形利益，物质利益和心理利益。

有形价值：指那些看得见的价值，比如工资、奖金、商品等；

无形价值：指那些看不见、摸不着，不容易用数字核算的价值，比如能力、信誉、客户资源、关系等；

短期利益：指那些马上就能到手的利益。

长期利益：指那些需要等待一段时间，或者还需要进一步加工才能产生的利益。

一般人的目光都是狭隘的，他们会把焦点放在短期利益、有形利益和心理利益上。只要我们愿意把这些利益让给别人，别人一定会把长期利益、无形利益和物质利益让给你，这就是所谓的"双赢"。如此，让别人赢得他们想要的部分，你才能得到你想得到的部分。

当初，我进入证券行业的时候，如果我跟其他同事一样眼睛只盯着工资和职位，我凭什么跟别人争呢？我是一个刚入行的人，所以我不会去跟别人争钱，而是把钱多的工作让给别人。我更看重的是更多的学习机会，可以快速提升自己的技能——当我不"争名夺利"的时候，基本上就没有对手了。

明白了这个道理之后，我想**请你花时间思考一下你现在跟人的合作方式，你跟人争的是不是同样的东西？如果是，你就很难赢得这场比赛。试着放弃那些别人想要的东西，看看是否还有别人不要却对你有用的东西。**

如果你是一位职场人士，老板和你的竞争者看重的如果是工资，那么你可以把焦点从工资转移到成长上，那你基本上就没有什么竞争对手了。如果你是一名经营者，你就是一个赚钱层面上的人，只要你愿意把短期利益、有形利益和心理利益让渡出去，对你而言，在今后的合作中就会变得越来越有利。

爱因斯坦曾经说过："人类的困境源于人们往往在制造问题的层面解决问题。"如果你只停留在一个层面上思考问题，就不可能赢得这场竞争。反之，只有在一般人到达不了的层面思考问题，你的维度才更高，才能在挣钱这件事上有所成就。

将视角聚焦在无形利益和长期利益上，并不是一件容易的事情，因为眼睛只能看见眼前的有形物品，理性思维才会去考虑长远的利益。

同时，你还需要拥有延迟满足的能力。

20世纪60年代，美国斯坦福大学心理学教授沃尔特·米歇尔设计了一个著名的关于"延迟满足"的实验，这个实验是在斯坦福大学校园里的一间幼儿园进行的。研究人员找来数十名儿童，让他们每个人单独待在一个只有一张桌子和一把椅子的小房间里，桌子上的托盘里有这些儿童爱吃的东西——棉花糖。

研究人员告诉他们可以马上吃掉棉花糖，也可以等研究人员回来时再吃。不过那些能等待的人，最后可以额外得到两颗棉花糖的奖励。对这些孩子来说，实验的过程颇为难熬。实验结果，大多数孩子坚持不到3分钟就放弃了，大约有三分之一的孩子成功延迟了自己对棉花糖的欲望，他们等研究人员回来兑现了奖励，差不多等了15分钟。

后来的追踪记录发现，那些可以等15分钟再吃棉花糖的孩子，比那些马上吃棉花糖孩子的成绩平均高出210分。实验并未就此结束，米歇尔和其他研究人员继续对当年的实验参加者进行研究，直到他们35岁以后。

研究表明，当年不能等待的人成年后有更高的体重指数，并更容易对毒品上瘾；而那些懂得延迟满足的孩子则取得了更大的成功。

因此，要想在竞争中取胜，你不仅需要有卓越的见识，还要具备一定的延迟满足能力。

那如何才能具备这两种能力呢？

其实也不难，可以从以下四点做起：

1. 清晰的目标：研究发现，有目标的人比没有目标的人更容易放弃眼前的利益。

2. 多角度视野：智慧源于多角度视野，狭隘的人只会从自己的角度思考问题，而智者通常都是全方位思考问题。

3. 兴趣、爱好广泛：米歇尔发现，那些能等待15分钟的孩子，更懂得把注意力分散到别的事情上，而那些没法抵御诱惑的孩子，他们的注意力全都集中在食物上。所以，当你有不同的爱好时，你就可以抵挡当下的某些诱惑。

4. 精力充沛：延迟满足能力和我们之前讲到的自律能力非常相似。自律能力跟一个人的内在能量相关，一个精力充沛的人往往更有能力抵抗诱惑。

把对方放在"对"的位置

凡是提到与人竞争，一般都会涉及两个行为，或是一种行为的两个表达方式：销售和谈判。那么，我们如何才能在谈判中获胜呢？

首先，我想分享一个沟通专家的故事。道格拉斯·斯通是我非常喜欢的一位沟通专家，他在自己的著作《高难度谈话》中，分享过自己的一个亲身经历：

他在上班途中发现道路被堵住了。那是一条单行道，一辆出租车和一辆私家轿车互不相让，把路堵得严严实实的。于是，道格拉斯下了车。他敲了敲出租车的车窗，说："师傅，我看你们两人中只有你是专业的，这么窄的一条路，没点水平可倒不出去。应该只有你能倒车，他肯定是倒不了的，能麻烦你倒一下吗？"

出租车司机看了一眼道格拉斯，点点头说："好吧，谁让我技术好呢。"他马上把车倒了出去，于是，道路立即变得通畅起来。

如果道格拉斯上来说："你也是老司机了，怎么就不懂得退让一下？"那事情会如何发展呢？脾气好的司机很可能会说："我就不让，你能怎么着吧！"脾气不好的司机很可能直接就对其恶语相向了。

为什么道格拉斯只用几句话就解决了问题呢？首先，他并没有评断对错，而是暗地里巧妙地把对方当成一个技术水平更高的人。他抛出了这样一个假设：水平高的人才会让步。出租车司机很乐意接受这个假设，所以他让步了。

我非常佩服道格拉斯，因为他掌握了谈判的核心原理，就是当我们想要让一个人去改变的时候，我们必须要把这个人放在"对"的位置，这样他才愿意做得更好。

每个人都有自己的心理需求，我们需要被尊重、被肯定、被赞美、被欣赏。简单来说，人们总想要证明自己是对的，这里的"对"，就是一个人的心理需求。我们要跟人合作，最好能把对方放在这个"对"的位置上，这就是心理利益。当你满足了对方的心理利益，对方才有可能让你获得物质利益。

这个方法看起来很简单，却并不容易做到，因为每个人都想证明自己是对的，你也不例外。所以，把别人放在对的位置的前提是，你不需要证明自己。

可是，人们为什么总要花时间去证明自己呢？有些人因为一点小误会就觉得委屈、无助，有些人因为别人说话语气重一点就觉得自己受到了侮辱，有些人因为别人矫正了自己的某个错误就精神崩溃，仿佛天塌了下来……于是，他们就拼命地去证明自己，仿佛不这样做，自己就会被人看不起，没有价值。

然而，佛陀不需要证明自己的智慧，比尔·盖茨也不需要证明自己有钱，姚明也不需要证明自己"高人一等"……也就是说，一个人内在确信自己拥有某些东西时，就不需要证明。那些需要证明的，都是些不太确定的东西。

一个人总是需要证明自己是对的，通常是自我价值感低的表现。"自我价值"是心理学中的一个名词，顾名思义，这是一种主观的、源于自己内心的感觉和自我评价，是自己对自己价值的主观评判。

如果你对自己的价值有确定的认知，就不会在乎对与错，对于别人的误会、纠错，甚至批评，你会虚心地接受有价值的部分，对那些有意或无意的冒犯、攻击，你会一笑置之，因为你的价值并不取决于别人的评价。只有这样，你才有能力在竞争中保持愉快的心情。

所以，我们要想在谈判中取胜，就需要把别人放在"对"的位置上。要做到这一点，需要有高认可的自我价值。

既然自我价值如此重要，那我们如何才能提升自我价值呢？

1. 多肯定自己：自我价值是一种对自我的主观评判，既然是主观的，当然可以主观地改变它。例如，每天睡前写下三件当天值得肯定的事情，对提升自我价值非常有帮助。

2. 疗愈过往的创伤：一个人之所以会给自己比较低的评价，通常源于童年时重要的人对待自己的方式。比如，小时候父母给的差评，会内化为自己对自己的评价。要去掉或者改变这些差评，最好的方式就是找心理咨询师做咨询，在咨询个案中疗愈童年创伤，或者通过一些疗愈性的课程提升自我价值。

3. 远离负能量，多靠近正能量：人与人是相互影响的，正所谓"近朱者赤，近墨者黑"，多跟那些自我价值高的人在一起，他们会像发光体一样温暖你。而那些自我价值低的人会像黑洞一样"吸走"你的能量，让你的自我价值越来越低。

🪙 **财富行动指南**

1.请你用一周的时间想想你跟他人的合作方式，你跟人争的是不是同样的东西？

2.根据双赢原理，想想如何才能让你的合作伙伴获益？

3.试着把身边的人都放在"对"的位置上跟他们交流。

把眼光放长远

在和别人的竞争中

你才能实现后发优势

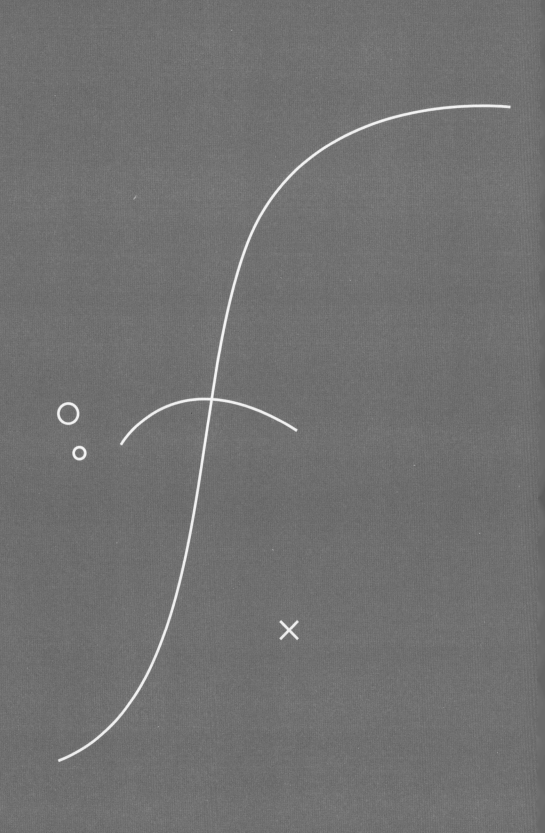

Chapter 06
绝对优势：用更少的时间挣更多的钱

在上一章中，我们讲了如何去跟别人"争"钱。只要我们愿意把短期的、有限的利益让渡给别人，就能争取到一些长期的或无形的利益。那么，同样是"争"，我们怎么才能够争到更多的钱呢？为什么工作时间差不多，可有些人的收益却是我们的几倍、几十倍，甚至许多倍呢？

为什么别人可以挣的比你多

　　一般来说，学者大都没什么钱，过着较为清贫的生活。但我认识的一个科班出身的知名心理作家却赚取了非常多的财富。

　　也许有人会说，从事心理工作的人那么多，其中肯定会有一些佼佼者。其实，这个老师也面临过"金钱恐惧"。他在自己的作品中曾提到过，他有一张银行卡，里面存着出书、办讲座和开办心理课程赚到的钱。但如此重要的一张卡，他竟然常常忘在自动柜员机里。

　　几次意外之后，他总结说，自己每次忘记取卡的时间点，往往是在收入上有了意外惊喜的时候，如报社发了超出预期的奖金，收到了几本书的版税等。每当有意外惊喜时，他都会有些慌张和不适应，内心深处竟然产生了不想要这些钱的念头，所以想让它们"损失掉"。

　　这种状态，在心理学上叫作"不配得感"，我们在后面会详细论述。如果这种观念不改变，他也不可能拥有今天的财富。

　　当然，无论是在工作还是生活中，他都是一个有着超常感知能力的人，他不仅可以疗愈别人，也可以疗愈自己。连他那样的心理学家都会有金钱方面的困惑，更何况普通人呢！

看完这个故事，我想问大家一个问题：为什么有些人挣的钱是我们的好几倍，甚至好几万倍呢？所谓"时势造英雄"，每隔几年，我们就会发现，某某领域冒出不少"财富新贵"。且不说像阿里巴巴、滴滴这样的大企业，微信公众号火了，很多微信"大V"赚得盆满钵满；直播火了，有的直播主播甚至购买了上亿元的豪宅……

如此，我们便能够知道，名气虽然不是赚钱的必要选项，却可以成为一个人突出重围的利器。

挣钱的秘密一："绝对优势"越大，挣的钱就越多

"壹心理"APP（应用程序）是在2011年上线的。上线几年后，我们开始进行第一轮融资。当时，我们需要找一家财务公司做审计，然后出一个第三方的财务评估，这样风险资本才能投资我们。但这个审计项目要三十多万，着实把我吓了一跳。

我经营公司已经二十多年了，每年也会邀请第三方机构帮我们公司做审计，每一年的审计费也就几千块钱的事情。而当时，"壹心理"也没有多少业务，每年营收都不到百万元。

为什么做一个财务评估居然要花三十多万呢？因为它能为我们提供更大的价值，也就是说，只要这个审计报告一下来，"壹心理"就能够获得一笔几千万的投资。专门做审计的公司，能帮被审计的公司获得更多的投资，当然要收取更多的服务费了。而相形之下，一家普通的财务公司帮另一家普通公司做审计，仅仅是做税务年审而已，不能带来更多的收益，所以其收费很低。

这个真实事例就带出了挣更多钱的第一种方式：**提供更大价值的劳动。**

这种劳动并不是一般人能够完成的，而是需要具备很强的专业技能。这种技能超越了绝大多数人，所以叫"绝对优势"。绝对优势亦称"绝对利益"，原指在某一商品的生产上，一国所耗费的劳动成本绝对低于另一国。这个理论最早是由英国古典经济学家亚当·斯密在"绝对优势"理论中提出的。后来，这个概念泛指在竞争中拥有超出竞争对手很多的优势。

你为别人提供的价值越大，你挣的钱就越多。当然，拥有绝对优势的人永远都是少数，但这些人却能为世界做出巨大贡献。比如说，袁隆平研发的杂交水稻技术，解决了中国十几亿人的温饱问题。这样的人才，无论是对于国家、百姓，还是对于国际社会的稳定，都拥有着无可替代的巨大价值，堪称"国宝"。

挣钱的秘密二：为高价值人群提供服务

那么，我们普通人是不是就无法像伟大的科学家、企业家一样为别人提供巨大的价值，以获取更多的财富呢？其实，不是这样的。

一般的心理咨询师的咨询费用大概是一小时500元，稍微有点儿经验的咨询师的费用是一个小时800元，资深一点儿的咨询师的费用是一个小时1200元，这已经很高了。但一个朋友告诉我，他认识的一位咨询师一个下午就可以挣到8万元。

为什么同样是做咨询，他一个下午能够有8万元的收入呢？原因是他为演艺明星做咨询。他的咨询客户大都是明星，为明星解决一些心理上的困扰。这种形式的心理咨询收费之高，让我大开眼界。

这个故事带出了挣更多钱的第二种方式：**当你为一些高价值人群提供价值的时候，你也会获得更多的金钱。**

你可能会疑惑，作为一个普通人，怎样获得为高价值的人服务的机会呢？这里，我想说一个理发师的故事。我曾在广州市天河区上班，办公室楼下有一家理发店，我经常在那里剪发，剪一次发大概是38元。后来，帮我剪发的那位理发师跳槽到了天河北的一家发廊，出于对他理发技术的认可，即便天河北停车不方便，但我还是喜欢找他剪发。可结账时吓了我一跳，同一个发型师原来收38元，可是在这家新店却要收188元，几乎是原来的5倍！

为什么收费一下子翻了好几倍呢？是发型师的理发水平提升了吗？答案是否定的。是因为店的位置不同了，装修标准也不一样，最大的不同应该是顾客的消费层次不一样。当所有的成本累积到一起，就提高了价钱，也让理发师能够服务到更有消费能力的顾客。

所以，当你无法拥有绝对优势的时候，你可以采取迂回的方式让自己服务高价值客户。

挣钱的秘密三：为更多人服务

如果你无法为明星、企业家这样的高价值人群提供服务，那作为普通人的你是不是就没有希望赚钱了呢？

不是，我们还有一个途径，就是**当你无法提供更大价值，也无法为高价值的人提供价值的时候，你可以为更多的普通人提供服务。**

例如，我认识一位一年能够实现500万元纯利润的女孩，起初她是通过微信群为网友免费提供情感服务的。后来，她发现这一需求很大，就尝试收少量的钱，从9.9元到19.9元，然后到199元，再到368元、599元，慢慢到今天的1999元。

当她的情感咨询群越来越受欢迎的时候，一个群就变成了8个群。这时候，她讲一次课就能服务接近4000人。每个人每年缴纳1999元的服务费，她就赚到了500万元的纯利。

通过这个故事，我想各位读者已经明白第三种挣更多钱的方法了。如果你没有"绝对优势"，无法提供一些高价值的服务，也无法为一些高价值的人群提供服务，你就可以为更多的普通人提供一些低价值的服务。当你能够服务到更多人的时候，你一样可以获得更多的收益。

综上所述，在挣钱这件事上，可以归纳出如下公式：挣钱总量=产品（服务）价值×顾客价值×顾客数量

所以，要想挣到更多的钱，大致有以下几个途径：

第一，努力学习，提升自己的能力，成为"绝对优势"高的人。 如果你无法拥有"绝对优势"，至少可以拥有"比较优势"。

第二，寻找一些特定的客户群体。 我们可以选择一些高价值人群作为服务对象，就像我们前面讲到的一些案例。当然，"物以类聚，人以群分"，如果你要为高端人群服务，你自己也必须要成为高端人才。

第三，拓展客户的数量。 当你无法做到上面两点的时候，就要做最后这一点了，就是把你的服务范围无限地扩大。这种方法恰恰因为互联网技术的发展变得较为简单——只要你服务的人足够多，你就可以获得更多的收入。

🛢 财富行动指南

1.盘点一下自己的"绝对优势"，看看自己可以为别人提供的价值有哪些，如何才能提升自己的"绝对优势"。

2.看看你现有的客户资源，是低净值人群还是高净值人群，思考一下如何才能为高净值人群提供价值。

3.看看你所提供的产品和服务，是否可以通过多种方式扩大到更多群体？

只有把时间和精力
用在那些有
比较优势的事情上
才能让有限的时间
发挥出更大的价值

Chapter 07
发挥比较优势：把时间变成金钱

在上一章中，我们学习了如何利用绝对优势挣钱，但如果你现阶段还没办法具备绝对优势，该怎么办呢？

你可以从利用比较优势做起。比较优势是经济学中的一个概念，如果你懂得利用自己的比较优势，同样也可以挣到更多的钱。

如何比别人更有竞争力

我们都知道，美国的科技领先于其他国家，美国在科技领域拥有绝对优势。当然，我们同样相信，中国未来一定可以超越它。

富士康是中国的一个大企业，美国的很多产品都是由其代工生产的，比如苹果手机、苹果电脑、ipad（平板电脑）等。美国的企业之所以把工厂设在中国，主要是因为在中国生产成本比较低，这是中国劳动力跟美国劳动力对比产生的优势，即"比较优势"。

所谓"比较优势"，就是指生产者以低于其他生产者的成本来生产某种商品的行为。如果一家企业在本国生产一种产品的成本低于其他国家，这个国家在生产该产品上就拥有比较优势。也可以说，当某一个生产者以更低的成本生产产品时，我们就称这个生产者在这种产品或服务上具有比较优势。

在生产经营活动中，企业必须要招募员工，不同国家、不同地区的工资以及附加成本都是不同的。作为管理者，肯定会在综合考虑成本之后，选择最具性价比的地区建设工厂、招募员工，这样才能在价格相同的情况下获得比较优势。

　　"尺有所短，寸有所长"，跟国家一样，人也有各自所擅长的领域。如果你愿意用更低的价格提供同样的产品或服务，在竞争中你就能够拥有较大的比较优势，因此你会比别人更具竞争力。

把时间花在比较优势大的事情上

比较优势跟挣钱有什么关系呢?

以前,我跟我太太经常会为做家务的事情发生争执,我是一个不太愿意干家务活的人,我希望请钟点工来家里搞卫生。但我太太希望大家一起分担家务。但如果把时间都花在搞卫生上,我就没有时间去读书、思考问题、经营公司或是做别的事情了。

经过多次协商,我终于说服了我太太请家政服务,这样我的可支配时间就可以大幅增加。有很多朋友经常问我为什么会有那么多的时间做事情,我的一个秘诀就是,**尽量把一些自己没有比较优势的工作外包出去,让有比较优势的人来完成这些工作,这样,你就有更多的时间去做自己有比较优势的事情。**

我给大家算一笔账,现在广州的钟点工最高收费是一个小时100元,你请一个家政人员来你家搞卫生,每小时要支付100元的成本。如果你是一名心理咨询师,每小时的收费大概是800元。也就是说,如果你自己去干家务,表面上省了100元,实际来说你是亏了700元——在干家务这件事情上你没有比较优势。当然，如果你喜欢自己做家务，那就另当别论了。

　　只有把时间和精力用在那些有比较优势的事情上，才能让有限的时间发挥出更大的价值。如果你按照这样的方式来看待时间和工作，你才有可能提升自己的绝对优势，让自己挣到更多钱。

专业的事情交给专业的人去做

在生活中，我们有很多要投入时间的地方。比如我现在既要经营公司，又要讲课，同时还要写书。我没有三头六臂，我的时间也只有一天24个小时，那我该如何让自己承担起这三个角色的工作呢？

最核心的一个原则就是：把专业的事情交给专业的人去做。

比如说理财，如果我认真去学习的话，我相信自己也能成为一个理财专家。但是如果我亲自去学习理财，我的时间就都花在了理财方面。但我坚信专业的事情要交给专业的人，于是我把我的钱都交给了经纪人来打理。因为他把前半生的时间都花在了理财上面，有着非常丰富的理财知识，我相信他能够管理好我的资产。

而节省下来的时间，我就去做有比较优势的工作。例如，我投入更多的时间研究心理学，扩大自己在心理学领域的绝对优势。

再举一个例子，作为一名导师，我经常要上台讲课，所以会买很多不同的衣服，否则学员会觉得我在着装方面太随意了。如果这些衣服都由我自己去购买，一来我不懂如何选择好看的衣服，二来这需要花很多时间去找适合我的衣服。所以，在买衣服这件事上，我是没有比较优势的。于是，我花钱请了一位专业的服装顾问，这样我就可以省下买衣服的时间，将其用到更有价值的事情上。从另外一个角度来看，这样花钱其实也是在赚钱。

所谓的比较优势，就是把那些你没有绝对优势的事情，交给有绝对优势的人去做，你可以借此腾出时间去钻研，去提升你所在领域的绝对优势。这样，你才有机会去为别人提供高价值的产品，或者你才有时间去结交那些高价值的人，为他们提供服务。

比较优势的一个核心理念，就是把专业的事情交给专业的人做，不要什么事情都亲力亲为。当你什么事情都自己做，你可能会沦为一个平庸的人。

发掘你的比较优势

我相信，你已经能够通透地理解这些概念了。那么，现在是时候发掘你的比较优势了。

在这里我有以下三点建议：

1. 把过去一个月的时间安排列出来，看看你的时间是怎么分配的：你花了多少时间去读书，花了多少时间睡觉，花了多少时间做家务，花了多少时间做某项工作。

2. 看看哪些工作是可以外包出去的，把可以外包的工作让给有比较优势的人去做。

3. 把腾出来的时间用来学习和做一些有价值的事情。

普通人用时间换钱，富人用钱换时间。当然，我们也不能成为工作机器。除了工作和赚钱之外，我们还要学会享受生活。有些生活时间是不能被占用或剥夺的。比如，跟你的伴侣享受高品质的生活时光，陪伴孩子成长、旅游，或者听音乐的时间。

你可以考虑把做家务，或者一些不得不做的事情从你的人生中剥离，把它们交给专业人士去做。如果你真的愿意这样做，你的人生也许从这一刻就开始发生改变了。

也许这个方法无法让你在一夜之间变成有钱人，因为绝对优势是累积而来的。而如果你把时间都花在了那些比较优势小的事情上，你就没有时间去打造自己的绝对优势了。这样，你一辈子都会成为低价值的提供者，永远都会为钱所困。

如果你能意识到这一点，从今天开始，把一些比较优势不大的事情交给别人，把专业的事情交给专业的人去做，把时间用在提高比较优势的事情上，假以时日，你也能够成为一个绝对优势很大的人。这样，钱还是个问题吗？

🏦 财富行动指南

1.回顾过去的一个月，用表格把过去一个月的时间分别列出来，看看你的时间是如何被浪费的。

2.试着挑出能够外包的工作，让那些有比较优势的人去完成。

3.根据比较优势原则，为未来一个月做一个时间表，并试着按新时间表做事，然后留意你的钱是怎样积累起来的。

不要什么事情都亲力亲为

当你什么事情都自己做

你可能会沦为一个平庸的人

Chapter 08
摆脱沉没成本，告别"低效努力"

对于"绝对优势"和"比较优势"，有些人就算明白了，却依然不会改变。为什么呢？因为没有行动。如果没有行动，那所有的理论都将是镜花水月。如果你成了头脑的奴隶，无法将想法化为现实，即使财富摆在你面前，也不是你的。

那为什么有些人不付诸行动呢？要讲清楚这个问题，我们需要明白两个经济学的概念，一个是"机会成本"，一个是"沉没成本"。

机会成本的奥秘：世上没有完美的选择

我曾经为一位女士做心理咨询。在别人眼中，她过着无比幸福的生活。她的父母是当地的大人物，她自己也是一名公务员，堪称才貌双全。她丈夫在银行工作，各方面条件也非常好，儿子聪明伶俐。照理说，生活如此幸福，她本该没有心理问题才对。可是，她跟我说，她内心一直有两个自己在打架——一个善良的自己，一个邪恶的自己，那个邪恶的自己总想摧毁现在的一切。

我带着好奇去探索她的潜意识，才知道她今天的一切都是父母安排的：她读什么学校，考什么专业，进什么单位，嫁什么人，孩子去什么学校读书，等等，都是她的父母一手安排好的。她的人生看似在一条最优的道路上前行，但她告诉我，她过得一点都不开心，所以才会想摧毁一切，让自己重新来过。

重新来过就会过得开心吗？不一定，虽然自己选择自己的路，你会收获成功的喜悦，但也可能是失败的苦涩。只有酸甜交织的经历，才能让人不断成长，不断看清自己是什么样的人。

　　我想借这个个案告诉大家，我们的人生中没有最好的路。每到毕业季，我的很多学员都非常关心自己的孩子，总会问我一个类似的问题："团长，我的孩子今年高中毕业了，你觉得他考什么专业比较好呢？""团长，我的儿子／女儿今年大学毕业了，你觉得他／她是留在我们老家好，还是去'北上广深'这样的大都市好呢？"

　　每当面对这样的问题时，我都会笑着回答："把孩子的生命还给他们好不好？我们不要用爱剥夺别人生命的选择。"

　　很多人都觉得孩子不懂事，他们一旦选错了怎么办，那可就是一辈子的事情。我会笑一笑，跟他说："没那么严重，这个世界没有白走的路，也没有所谓的弯路，有些弯路可能比直路走得更快。"

　　不管你做任何选择，其实你都会失去其他选择，你不可能拥有100%完美的选择。这就是我想分享的第一个经济学概念，叫作"机会成本"。

　　机会成本，是指一个人在做决策的时候，当你选择了其中一个选项，你就要放弃其他选项。在那些被舍弃的选项中，价值最高、最优的那个选项，就是这次决策的机会成本。

　　比如，你选择了一棵大树，就要放弃整座森林。并不是整座森林的价值是你的机会成本，而是当你选择了一棵大树，在整个森林剩下的最高大、最有价值的那棵树才是你的机会成本。因为你不可能选择整个森林，在剩下的生命里，你也只能选择成为其中的一棵树。

　　很多人没办法做出人生的选择，是因为他们总觉得万一选错了损失会很大。但事实是，那些"很大的损失"往往只是你假想出来的。

　　我的人生也经历过许多次这样的选择。高中时，我非常喜欢研究无线电，所以高考后我希望读无线电专业，打算毕业后开一家无线电维修店。对于乡下的孩子来说，能有自己的一间铺子已经是很大的成就了。可是阴差阳错，当年我的高考分数达不到无线电专业的要求，最后只能读一个管理学专业。管理学专业看起来不是我的最优选择，可是我并没有后悔，因为我现在非常享受经营企业的乐趣。

当然，**不是这一个选择就决定了我的未来，中间无数个选择的叠加才成就了今天的我。**当年，我大学毕业后被分配到一家单位做管理工作。可是，几年之后，我就决定下海从商了。当时，我的亲朋好友都觉得我疯了。如此艰难才进入城市，并拥有了一个"铁饭碗"，为什么要放弃呢？但是，我顶住了各方面的压力，坚持下海。

大概十年后，很多企业都慢慢地走向了破产重组，很多人也相继失业了。我比他们至少早十年下海从商，拥有更多的选择机会。十年后，当他们被动下海时，环境已经发生了巨大的变化，机会也少了很多。

所以，**一次的选择错误没关系，因为人生就是一次又一次选择的结果叠加。你可以做出很多选择，但遗憾的是很多人不敢再做人生的第二次、第三次的选择，因为你会有一个观念，一旦你做了一个选择，就要像婚姻一样从一而终。**工作和事业的选择，往往带来的是让我们更快迈向新生活的机遇，也是创造财富的契机。

当你认为第一次选择的工作不具备长期努力的价值时，你就应该尝试换赛道了。尽管每一次转换赛道都不一定令你成功逆袭，也不能保证是完美的选择，但只要你还有选择，就必然会有新的机会到来。

沉没成本的奥秘：别让过去拖垮你的未来

重新选择很重要，可大多数人为什么不敢重新选择呢？

要回答这个问题，我们先了解一下"沉没成本"这个经济学概念。**沉没成本，是指一个人在做一件事所投入的成本，这些成本是以往产生的，与当前决策无关。从财务角度来看，沉没成本不是成本，它只是过去已经投入的费用、时间、资源。但从心理学角度来看，这些过去投入的成本常常会干扰一个人当下的决策。**

举个例子来说，如果下雨天，你准备下班回家，坐公交车需要两元，而打车大概要30元。大多数人平常都会选择坐公交车回家。可是，由于下雨，你等了半个小时，公交车依旧没来。这个时候，你会这样考虑：是打车还是坐公交车呢？如果现在打车的话，那之前等车的半个小时不是白费了吗？

等了半个小时之后再打车，成本就变高了——等待的那30分钟时间就是沉没的时间成本。**人们往往会被过去所投入的时间和精力干扰，这就是沉没成本干扰当下决策的一个重要原因。**

这种现象在恋爱里最常见。随着恋爱的时间越来越长，你决定分手的难度就会越来越大。因为很多人会觉得两个人如果现在分手，那过去投入的感情、金钱、时间不就白白浪费了吗？因为不想放弃过去所投入的沉没成本，最后硬着头皮选择一个并不是真爱的人结婚——这个损失将是一辈子的。

当然，沉没成本在挣钱方面也很常见。比如，有很多人在大学选专业的时候，其实是懵懵懂懂的，自己选的专业可能自己既不喜欢也不擅长。工作后，越发发现自己对这个专业不喜欢，很想去探索别的领域。有些人很幸运，最后找到了自己真正感兴趣的领域。

但对于那些没有找到自己喜欢职业的人而言，这时候问题就来了，很少有人会鼓起勇气放弃现在的职业，从零开始去学自己真正喜欢的东西。大部分人就这样得过且过，觉得自己要是抛下一切，换一个专业或行业，那过去的努力就付之东流了。

可是，有类似经验的人都知道，面对自己不喜欢的职业或专业，不放弃的结果只会越来越不开心，越来越后悔。时间越久，沉没成本越大，就越难做出改变。很多时候，过去付出的一切会影响你当下的选择，甚至会拖垮你的未来。

可收藏价值：做出当下的最佳选择

　　每一个选择都是有机会成本的，没有一个选择是十全十美的。不管做什么选择，你总会失去一些东西。失去的东西并不重要，重要的是在现有的选择里做最优选择。

　　所谓的最优选择，不能光看眼前，还要考虑未来。如果我们把焦点放在眼前，就容易目光短浅。所以，我们要从未来角度出发，看看今天的这个选择是否能给你带来更大的价值。

　　那么，该如何看待这个价值呢？

　　第一，看这份工作能不能提高我们的能力。能力是我们未来挣钱的绝对优势。当你从工作中学到了某种能力，就算现在的金钱回报少一点也是非常值得的。只要你有了足够的能力，在未来挣钱就不是一件难事。

　　如果你选择了一份收入很高，但无法提升个人能力的工作，长此以往，你一定会后悔的，因为你无法为你的未来积蓄力量。比如，一则新闻报道说，因为高速收费站撤销，一位36岁的收费员哭诉自己失去了工作，以后没有了生活保障。

看这则新闻的时候，我目瞪口呆。这位收费员正值壮年，找到一份好工作可谓易如反掌。然而，在现实生活中，很多人常常会为了当下的稳定生活而失去对未来的判断。我们一定要有一个基本的认知：这个世界没有所谓的"绝对稳定"。

第二点，看这份工作是否能给你带来更多的人际资源。如果我们只是在一个封闭的空间里独处，没有跟他人交往的需要，那我们的世界就会变得非常窄小，也就无法获得新的机会。一方面，各个领域的佼佼者会不断刷新我们对行业的认知，如果能通过自己的努力得到他们的教导，我们的成长速度将会大大加快；另一方面，未来的工作越来越强调协作性，需要我们与不同的企业和人打交道，如果你不能在短时间内取得对方的信任，你的业绩就可能会落后于别人，这些都是人际资源的重要之处。

因此，人际资源也是一种重要的价值。当我们判断做一件事情是否有价值时，不能光看现在的收入有多少，还要看它是否能增加我们的能力和人际资源。

对于以上两点，我将其称为"可收藏的价值"。这种价值比眼前的收入更加重要，针对这一点，我将在后续的内容中进行详细阐述。

很多时候，我们会羡慕别人的运气好，其实，一个人的运气不可能一直都很好。那些看起来运气好的人，只不过是懂得不断改变选择而已。有人说，中国人在过去几十年间有好几次发财的机会：下海、房地产、互联网……只要你抓住了一次机会，你就可以衣食无忧。

我们可以自问一下，如果你身处其中，是否能抓住其中的一次机会呢？当然，过去的已经过去，重要的是未来。不管未来出现什么机会，不管你如何选择，请记住：永远不要让过去的沉没成本影响当下的选择。

💰 财富行动指南

1.审视一下你现在所从事的工作是否具有"可收藏的价值",从未来的角度来看它能不能提升你的能力、增加你的人际资源。

2.如果没有可收藏价值,那你还有什么新选择?

3.当你要重新选择的时候,记得不要让沉没成本影响当下的选择。只有放下过去,你才能在未来拥有更多的机会。

一次的选择错误

没关系

人生是一次又一次

选择的结果叠加

Chapter 09
消除你的限制性观念

在之前的内容中，我们已经讨论了很多关于挣钱的方法。然而，想要挣钱，很多时候光有能力是不行的。

如果你对挣钱有限制性的观念（我称之为病毒性观念），在这样的情况下，即便你的能力再强，还是会为钱所困。这个观念就像一个开关，如果你不去打开它，就会被关在一个心理囚笼里。只有找到这个开关，我们才能打开囚笼将自己释放出来，去挣更多的钱。

能力已经提升了，为什么还是为钱所困

为什么一个人有了能力，还是会为钱所困呢？

有一个才华横溢的歌手，我们时不时就会在媒体上看到他。但没想到，他也经常会为钱所困。为什么会这样呢？原因是他不太愿意配合做一些宣传、采访或者是商业演出。

每当看到这样的新闻时候，我心里都会非常难受。在我看来，他的困境仅仅是一个观念的问题，他也许不喜欢商业演出，或者不屑"讨好"听众。但如果换一种想法，按商业的方式运作就可以让更多人享受他的作品，他的才华也可以发挥更大的价值，这难道不是一件"多赢"的事情吗？

当然，每个人都有自己独特的个性，在他心里，音乐可能高于一切。不管这个歌手如何选择，都不能影响他在我心中的位置。

实际上，就算你才华横溢，如果你在挣钱方面的某个观念被限制了，一样会为钱所困。

潜意识如何影响挣钱

你可能会对这样一幕场景感到似曾相识：两位好友一起逛街。突然，有一辆红色的法拉利跑车从身边轰鸣而过，其中一位发出一声羡慕的惊呼："哇！太漂亮了。"而另一位则用不屑的语调说："切！开这种车的人不是贪官，就是奸商！"

那么，你觉得未来他们中的哪一位更有可能开上法拉利跑车呢？

两千多年前，古埃及人就在石板上刻下了这样一句话："As above, so below. As within, so without."翻译成中文就是"上行，下效。存乎中，形于外。"意思是一个人的内在有什么，就会外在地显现出来。一个人内在对金钱的想法或者观念，会外在地呈现出来。因此，一个人是否有钱，很大程度上取决于其内在对金钱的看法。那些内在的看法，往往藏在我们意识不到的地方，心理学将其称作"潜意识"。

人的内在分为"意识"和"潜意识"两部分。所谓"意识"，是人们能够清楚地认知到的部分，是在觉知层面的一些想法或思想活动；而"潜意识"则是人们不能认知或没有觉察到的部分。

　　例如，你知道此时此刻自己正在读这篇文章，这是你的"意识"；如果我不提醒你，你并不知道你的心脏正在跳动，你正在呼吸，你的血液正在身体流动……就算我提醒了你，你还是不知道你的心、肝、脾、肺、肾此刻是如何运作和配合的——这些你觉察不到的部分，便可以被称为"潜意识"。

　　一个人的绝大部分行动都是由潜意识指挥运作的。比如说，你不用思考如何消化食物，因为你的潜意识会在你不知道的情况下替你完成这些工作。挣钱也不例外，我们能觉察到的行动毕竟有限，绝大多数与挣钱有关的活动，都是在潜意识的指挥下完成的。

两个影响挣钱的病毒性观念

这些潜意识很可能来自我们的父辈，也可能是在漫长的进化过程中内置于我们基因里的本能。比如，下面这两个跟情绪有关的病毒性观念，我们大多数人都会有，所以需要特别警惕。（作者注：该研究案出自大卫·迪萨沃的《反套路》一书）。

一、仇富心理

那种一看见法拉利跑车就会嗤之以鼻的人并非个例。《心理科学》曾经刊登过一篇研究性文章，研究人员设计了一个场景，将参与者随机分配，分别扮演解题者和评分者。同时，参与者还要通过抽签的方式，确定自己是"富有者"还是"贫穷者"。

于是，就有了如下四种配对类型：

富有评分者配富有答题者；

富有评分者配贫穷答题者；

贫穷评分者配富有答题者；

贫穷评分者配贫穷答题者。

答题者要回答一些测试题，评分者则负责评分，答题者可以根据成绩获得奖金，评分者可以通过在成绩上做手脚来帮助或者阻碍答题者获得奖金。也就是说，如果评分者故意给高分，答题者就会拿到不应得的奖金；如果评分者故意打低分，答题者就拿不到应得的奖金。

研究结果显示，当评分者富有而答题者贫穷时，70%的评分者会谎报成绩，帮助答题者；当评分者和答题者都富有时，90%的评分者会给出公正的分数；当评分者和答题者都贫穷时，95%的评分者会谎报成绩帮助答题者；当评分者贫穷，答题者富有时，30%的评分者会谎报成绩中伤答题者。

评分者之所以会说谎，跟个人利益无关，却跟情绪有关。当自己处境比别人差时，人们欺骗、伤害他人的倾向会增强，帮助他人的倾向会减弱。反之，当自己的处境比别人好时，人们帮助他人的倾向会增强，伤害他人的倾向会减弱。

也就是说，一般人都会同情和帮助弱者，而对比自己处境好的人怀有敌意，如果有机会还会不自觉地中伤他们。强者拥有更多的能力和机会，如果你想挣更多钱，最好跟他们合作，而不是与他们为敌。所以，对于这种本能倾向，我们一定要保持清醒。

二、公平心理

《美国国家科学院刊》刊登过一份特别有意思的研究报告。在一次心理学实验中，每两位参与者相互配对，一个扮演庄家，一人扮演玩家。在游戏中，庄家得到一笔钱，要跟玩家分。游戏分两次进行，两次规则不一样。

第一次的规则是，如果玩家觉得钱的分配不公平，可以拒绝，这样双方都不能得到这笔钱。游戏最后的结果是，如果庄家分配不公平，玩家100%拒绝玩这个游戏，只有五五分成才会被玩家接受。

第二次规则稍做调整，不管玩家是否拒绝，庄家都可以获得自己那部分钱。也就是说，玩家要么接受庄家的分配，要么空手走人。研究人员猜测在这种情况下，玩家会接受庄家的不公平分配方案。可实验的结果出乎意料，依然有30%到40%的人选择愤然离场，就算拿不到一分钱，也不会接受庄家不公平的分配方案。

我们所有人都希望社会能够公平，面对不公平时，如果大家都能投出自己的一票，对推动社会公平会很有帮助。我这里所说的并不是社会意义上的公平，而是商业领域的公平。很多时候，我们的视野是受局限的，在受限的视野下，很多事情我们会觉得不公平。当你认为不公平时，往往会像上面那些玩家一样受情绪的影响，愤怒地放弃将会获得的利益。

在合作中，人们经常会受这种情绪的左右。比如，你如果赚的比我多，我就不干；有一些人更过分，只要你有得赚，我就不干。而我的合作态度是，只要我有得赚，同时这对双方、对社会有利的事情，我都愿意干；如果你能赚得多一点，我会祝福你。

清理旧观念，建立新观念

此前，你可能做了我在每章末尾留给大家的练习题，在这里，我希望你现在能够重做一遍这个练习。因为在读到这里时，我相信你的很多观念已经发生了改变。

下面，我邀请你按照如下指引，继续将自己关于金钱的所有观念写下来，这种方式会让你更深刻地认识自己。

有钱人是什么样的人？

金钱令人变得怎样？

如何做，我才会变得更有钱？

我爸爸认为金钱是什么？

我妈妈认为金钱是什么？

在我家金钱意味着什么？

金钱等于什么？

如果我有很多钱，我担心什么？

朋友告诉我，钱是什么？

老师告诉我，金钱是什么？

如果做一个比喻，钱像什么？

一般人认为钱是什么？

我经常为钱苦恼，因为什么？

钱给我带来最深刻的感受是什么？

钱多意味着什么？

写下这些观念之后，你可以进一步思考：这些想法是你在挣钱路上的助力还是阻力？我们要警惕那些阻碍我们赚钱的想法，将它们区分出来，对这些想法要保持清醒的觉知，有条件的还可以找一个心理咨询师去改变这些想法。如果你能做到这一点，我相信你一定会越来越富足。

上面所做的练习，是处理你对金钱的一些旧有的观念。随后，我们还要建立对金钱的新观念。如何才能建立对钱的新观念呢？很简单，同你身边那些有钱的朋友多交流。

你可以想办法、找机会同他们深入交流，让他们聊一聊对于钱的看法，并把他们的观念记下来。他们之所以能成为有钱人，是因为他们大脑中的某些观念对挣钱是有帮助的。

把他们对于钱的观念写下来后，我们要把他们关于钱的观念做一个对比。**记下你暂时还不能理解的部分，去问问对方"为什么会这样想"。你可以从这些有用的观念中挑出最关键的几条，把它写在你经常能见到的地方，比如说手机屏保，或者在电脑上贴一个小纸条。这些观念会在**潜移默化中使你形成新的对于金钱的观念。

当然，在与有钱人深入交流的时候，我们要注意他们的观念是不是

整体平衡的。因为有一些有钱人的财富获取方法是不被社会规则所认可的，这样的观念肯定是不值得我们学习的。我们一定要去找那些道德高尚的、用正当的手段去赚取金钱的人，他们的观念才是值得我们学习的。

从下一章开始，我们会谈到一些具体的赚钱方法。

🪙 财富行动指南

1.把你关于金钱的观念写在纸上，并思考这些观念能不能帮助你挣钱。

2.对照有钱人的观念，帮助你建立新的金钱观。

就算你才华横溢
如果你在挣钱方面的
某个观念被限制了
一样会为钱所困

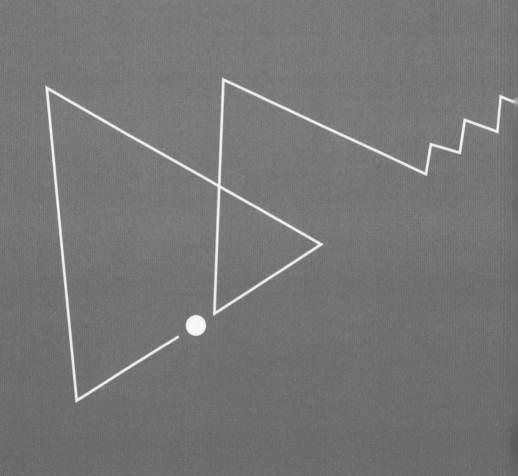

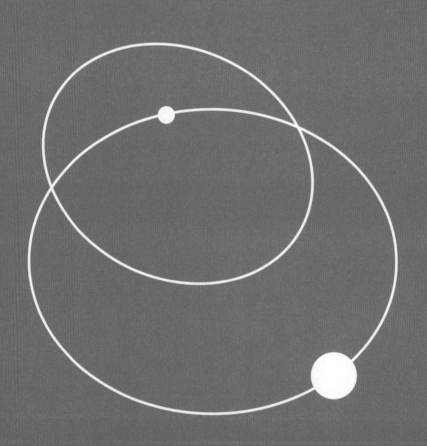

赚钱篇

如何轻松
高效地赚钱

Chapter 10
你有哪些资本可以转化为财富?

在前面的内容中，我们已经探讨了很多关于挣钱的心态和方法。当我们挣得了人生的第一桶金，就有必要进入更高的思维层次了。

你知道什么叫"赚钱"吗

关于赚钱，我想先和大家分享几个小故事：

由于工作关系，我认识了不少有钱人，大多数有钱人的生活我并不怎么欣赏，因为他们通常都忙于工作，根本没有时间去享受生活。但也有一些有钱人让我十分佩服，他们既有钱又有闲，而且生活还很有品位。

其中一位是李先生，他是我儿子同学的爸爸，是做餐饮生意起家的——就是经营广东人俗称的"大排档"。做大排档挣到钱之后，他就开始投资厂房，过上了收租的生活。在收到租金之后，他再把租金用于建造新的厂房……通过十多年的努力，他把所有的生意都变成了不动产。现在，他只需要做一件事，就是收租。因此，他就有十分充足的时间去做自己喜欢的事情。

靠自己的努力挣钱，需要投入大量的时间和精力，但这样的生活质量肯定没那么高。从这位李先生身上，我们看到了获取财富的另外一种方式——在享受生活的同时，财富也源源不断地进入你的账户，这种方式就叫"赚钱"。

可能有些读者会觉得这位李先生运气好，遇到了好的机会，才赚了那么多钱。其实，赚钱的方法有很多。下面，我来跟大家分享一位普通人的赚钱故事。

杨老师是我早期心理学培训班的同学，20年前跟我一起学心理学的同学现在大多数都成了导师。有一天，在一个饭局中我遇到了杨老师，从聊天中得知，她一年只讲50天的课，其余时间用来享受生活。

我很好奇，她上课的报酬也不算太高，一年只讲50天课，怎么可能做到去世界各地度假呢？她的钱是从哪里来的？原来，大概在五年前，她把自己挣到的第一桶金——200万元——交给了一位很有能力的投资人。在专业人士的管理下，她当年投资的200万现在已经变成千万了。她告诉我，这笔钱每年都能给她带来20%以上的回报。

听完这两个故事，我想大家对钱又有了一些新的理解。**挣钱要靠自己的双手去努力，而赚钱已经不再需要用自己的时间和体力了。我们只需要把钱交给更专业的人士管理，才能在享受生活的同时，顺便把钱给赚了。**

破除思维限制才能赚大钱

从前面的内容中，我们已经知道了什么是赚钱，那有什么方法可以赚钱呢？

有一位父亲为了训练他的孩子，要求五六岁的孩子去搬一块石头。但那块石头实在太重了，以这个孩子的力量根本搬不动。于是，孩子跑过来跟爸爸说他搬不动。

他的父亲问他："你尽力了吗？"

这个孩子想了想，决定再尝试一下。于是，他再次回到石头那里，用尽全身的力气又搬了一次。可是，不管他怎么努力，还是搬不动。

他再次回到爸爸的身边，说："爸爸，我尽力了，石头太重了，我真的搬不动。"

这个时候，父亲说："孩子，我就站在你身边，你都没有请我帮忙，怎么能说尽力了呢？你只是尽了你自己的全力，可你并没有想过借用身边的资源。"

我们或多或少都会存在一些限制性观念，以为所谓的尽力，就是尽自己一个人所有的能力，根本不会去想自己身边其实有很多资源可以调用。如果一个人只是尽了自己能力，那他一辈子只能待在"挣钱"这个阶段里；如果一个人懂得运用身边的资源（包括人、事、物），他才能进入到获取财富的第二个阶段，也就是"赚钱"。

中国的文字是非常有智慧的，赚钱的"赚"字，是"贝"加一个"兼"。顾名思义，我们可以将"赚钱"理解为用自己的宝贝去"兼并"社会上的钱。而"挣"这个字，表明钱是我们靠双手来获得的，就算你能力再强，时间也是有限的。但是，"赚钱"则是用你的宝贝去"兼并"别人的钱，那么你的宝贝就可以是无限的。

宝贝有很多，就像前面故事中的主人公一样，他们靠自己的能力挣到了第一桶金，然后用这桶金赚取了更大的财富。大多数人以为宝贝就是金钱，其实，这所谓的"宝贝"范围非常大。例如，我们还有其他方式可以赚钱，比如说专利、技术、品牌，等等。

如果你想要赚钱，首先，你应该去盘点一下自己现在拥有的"宝贝"，看看你现在是否拥有了钱、物、技术、品牌、专利等某项宝贝。如果你至少有一项拿在手里，那你赚钱的底气就会足很多。

赚钱中的用人之道：让别人有成就感

如果你没有这些宝贝，也不用灰心，因为你还有一条路——身边的人。盘点一下，自己在生活中有没有建立起足够的个人信用，比如你可以想想如果你要创业，是否有人愿意跟着你干。如果答案是否定的，表明你并没有为赚钱这个事情积累下足够的资本。不过，你也不要灰心，因为一切都还来得及，你可以从现在开始，为未来准备更多的资本。

如果你想要赚钱，首先你要懂得利用身边的人、事、物，特别是人。如果想要让别人帮你的忙，就要让别人有成就感——这是用人赚钱的核心。

首先，你要从心态上有所突破。我们都以为请人帮忙是麻烦别人，其实，有时候请人帮忙是一件让人有成就感的事情。当然，你请人帮忙，应该是一些对方力所能及的事，而不是一下子向身边的朋友借100万，这样只会把身边的朋友吓走。

比如说，如果你搬进新房子，想认识一个新邻居，大多数人采取的方法可能是送礼物。但是，给一个陌生人送礼物，别人可能会觉得你别有所图。所以，认识新邻居的最好方法不是送礼物，而是找邻居借点东西。

比如，你可以敲开邻居的门说："我是刚搬进来的，我炒菜的时候发现我家没有酱油了，能借我点儿酱油吗？"对方在帮助你的过程中会感到自己是有价值的。有了这样的心理暗示，就会为你们的交往奠定良好的基础。

这是一个非常有意思的事情，**有时候你请人帮忙，并不会给人带来麻烦，反倒会给对方带来价值感。**每一个社会中的人都需要拥有一份属于自己的价值感。如果你能在和人交往的过程中随时随地给身边的人带去价值感，那你身边的人就会因为有你而感觉到快乐，这是一个非常好的人际沟通技巧。

很多时候，你以为别人不会帮你，其实是你心中的一个假设而已。除了自身以外，还有很多的资源可以为我们所用。你只有懂得了运用外在的资源，才有赚钱的可能性。通过这些小的行动，你可以打开禁锢自己的限制性观念，为自己的财富之路找到全新的方向。

💠 财富行动指南

1.盘点一下你现在拥有的钱、物、技术、品牌、专利，等等。

2.看看你身边是否有人可以为你所用？

3.有意地去请身边的人来帮助自己，特别是那些你难开口的人。

我们都以为请人帮忙

是麻烦别人

有时候请人帮忙

是一件让人有

成就感的事情

Chapter 11
没钱怎么赚钱：聪明人借用未来的钱

我们已经知道了，赚钱的一个重要前提是拥有第一桶金。有些朋友会说，自己一没有钱，二没有人际关系资源，该怎么赚钱？接下来，我们具体来谈一谈赚钱的方法。

没有第一桶金怎么办

很多年前，我也是一个没有钱的穷小子，那我是怎么一步步变得小有资产的呢？

1997年，当时我在广东省茂名市工作。一个偶然的机会，我看到了一个价格为3800元，为期三天的课程。要知道，当时的3800元钱可远不是现在的3800元可以比的。当时，我没有那么多钱，但是我又很喜欢这个课程。于是，我就想让我的老板借一些钱给我。

我跟他说："如果我学了这个课程，能够更好地管理公司。希望你可以帮我报销这笔费用。我真的很想学这个课程，如果你不愿意报销，可以先借钱给我，让我去学习，这些钱可以在我后面的工资里扣。"

结果，老板真的借了钱给我。这个借钱上课的经历改写了我的命运。这个课程也帮我打开了通往另一个世界的大门。从此，我便进入了心理教育培训行业，成就了今天的我。

也许你会说，借钱上课不算赚钱。那我再分享一个用未来的钱赚钱的经历。

会赚钱的人想的不一样

2001年，"五一"劳动节那天，有位学员打电话给我推荐了一个很值得购买的新楼盘，让我过去看一看。当时，一幢180平方米带花园的小别墅只卖60万元，这确实让我心动。可是，当时我实在拿不出那么多钱。于是我申请了银行贷款，只付了18万元首付款，一年之后，我就搬进了一幢花园别墅里生活。9年之后，我以210万元的价格卖了那幢别墅——我不仅住了8年别墅，还赚了150万元。

我的一位朋友经常来我家玩，十分喜欢我居住的那个小区，也很想在我家旁边买一套房子。我多次带他看房，可是他每次看中之后，都因为不够付全款而放弃了。我建议他像我一样向银行抵押贷款，可他就是不愿意，说那样压力太大，想等钱赚够了再买。结果，他赚钱的速度永远都跟不上楼价上涨的速度。最后，他只好放弃住别墅的念头，在离广州市中心30公里的郊区买了一套洋房。每每谈及此事，他都后悔不已。

所以，当你开口，周围的人都有可能帮你。你不必考虑是否会成功，只要去尝试，就有成功的可能。反之，假如你永远不去尝试，就永远得不到想要的帮助。

善用未来资源，突破圈层固化

英国有一个著名的纪录片，内容是记录一群孩子的成长轨迹，每7年会拍摄一次，一直拍到他们离开人世。今年，已经是第63年了，所以叫《63Up》。

这个纪录片追踪了14个孩子，有穷人家的孩子，有富人家的孩子，也有白领家的孩子。在研究人员记录这些孩子四十多年之后，他们发现，穷人家的孩子在长大之后基本上都成了穷人，白领家庭的孩子长大之后也成了白领，富裕家庭的孩子长大之后也是有钱人。

这就是所谓的"圈层固化"——人们很难突破自己生活的圈层，升级到更好的圈层。

圈层固化的一个主要原因是资源的匮乏。有钱人的孩子所受的教育、拥有的资源和穷人是不一样的，因此，他们的起点也不一样。穷人的孩子很容易固化在原来的圈层里，也就是说，固有的资源能够决定一个人发展的起点。

但是，在这个纪录片中，有一个穷人的孩子后来变成了一个富人，也就是说在14个人中，有一个人突破了其原有的圈层，概率是7%。综合一些研究资料来看，大概会有10%的人可以突破原有的圈层。那么，这些跳出固有圈层的人通常具备什么样的特点呢？

他们能够跳出固有的圈层，是因为他们获得了不属于他那个圈层的资源。你所拥有的资源，其实跟所在的圈层有很大的关系。圈层，其实就是自己给自己设定的一个框架。很多人只知道贫富圈是一个框架，但是不知道时间其实也是一个框架。

很多人失恋的时候，连活下去的勇气都没有了。可是今天我们回看当初的自己，你是不是会微微一笑，觉得当年的自己怎么那么傻，为了一点儿小事居然要死要活的。从今天的时间框架回看过去，原来的问题不再是问题。但是站在过去的角度看，当时的问题就是天大的问题。

同样，很多人小时候会认为自己的家庭非常贫穷，会从父母那里承袭了很多关于金钱的限制性观念。比如，生于20世纪五六十年代的人，经常会对自己的子女唠叨那个年代的贫困。他们在生活中不舍得丢弃剩菜剩饭，穷苦的基因已经深入了他们的骨髓，即使如今过着富足的生活，也不能让他们改变固有的观念。

从未来的框架来看，我们的财富是不断增长的。小时候的生活并不能成为长大后的样本，因为事物是处在不断变动之中的，人的能力也是会提高的，但困难是不会变的。

当一个人的能力提升了，他原来所遇到的财富困境就不再是问题了。就像一位初中生回看小学的题目，会觉得原来的难题根本就不值一提。**这就是时间框架，它能帮我们拿到不属于今天的资源，当你能够拿到未来的资源时，你就很容易突破现有的限制。**

我们内心对未来的恐惧

为什么有些人敢于突破现有的限制，而有些人却一直被困在原有的圈层，不敢去寻找更多的资源呢？

大家都知道一部分国人的投资行为相对较少，主要跟他们的消费习惯有关系。从历史上看，我国是一个多自然灾害的国家，且经济长期处于发展阶段，我们习惯了多存粮、多储蓄，以抵抗未来可能发生的风险。如果我们不为未来储备一些资金，在投资失败或者生大病的时候，或许就度不过那个困难时期。

除了房子，我们对其他的投资方式了解较少。究其原因，是因为对未来的恐惧心理让我们不敢用储蓄的钱去赚钱。

当然，我并不鼓励大家透支未来的钱。2008年的金融风暴和次贷危机已经证明，过度透支未来是有风险的。对于今天资源还相对匮乏的我们来说，有时候适当地借用一下未来的资源是有必要的。当一个人对未来充满信心时，他就敢于使用未来的钱。

对未来的信心，除了依赖外在的条件，还取决于内在的自我价值感。

自我价值感是一个人对自己价值的主观评判，它没有一个客观的标准。如果你对自己的价值有着非常肯定的评价，你就会对自己和未来有信心。**一个人敢不敢用未来的钱，取决于他的自我价值感高不高，他对自己的信心足不足。**

当一个人的自我价值感提升了之后，他就敢于使用未来的钱。当年我在自我价值低的时候，也会存很多钱，却从未想过要贷款买房。但随着我的自我价值感的提高，我就敢于去做一些之前不敢做的事。这是因为我对自己的未来有了信心，我相信未来自己的能力肯定会更强，赚到的钱也一定会比今天更多。

学习，回报率最高的投资

虽然投资是有回报的，但也是有风险的，我们千万不要轻易用未来的钱去做高风险投资。**那到底什么样的投资风险低、回报率高呢？当然是对自己的投资。**

如果今天你很穷，又想成为一个有钱人，你就需要提升自己的能力，让自己拥有绝对优势。而学习就是风险最低、回报率最高的投资。毕竟，面对不确定的未来，只有你的能力才是确定的。

所以，如果你对未来有信心，就可以把未来的钱拿到今天来投资，这样你就能突破资源匮乏的困境。

当然，投资不是一件冲动的事情。在准备行动之前，你可以去做如下功课：

第一个功课：问问自己，如今的能力是否比之前更强。我们可以从历史角度看未来，看看过去的三年里自己是否进步了。如果你真的进步了，未来的三年你打算怎么提升自己的能力呢？如果过去的三年你没有进步，你要反思这三年你是怎么过的。

第二个功课：**如果你确定过去一直在进步，你对未来是有信心的，那你就可以想办法预支一些未来的钱来投资自己。**当你拥有了足够的能力之后，你一定会赚到更多的钱。

第三个功课：**盘点一下自己的信用。**不管你是从银行借钱，还是从朋友那里借钱，前提都是你必须得有良好的信用。你可以估算一下自己能借到多少钱，如果你连信用都没有，就很难做到预支未来的钱。这时候，就要好好反思一下自己。

世界无限广大，除非你画地为牢。你的资源也是无限的，除非你被自己的想法所限制。只有心态改变了，你的世界才会改变。

📖 财富行动指南

1.询问自己，未来的能力会比今天更强吗？

2.盘点一下自己的信用。

时间框架

它能帮我们拿到

不属于今天的资源

Chapter 12
如何用别人的钱来赚钱

在上一章内容中，我们讲了如何用未来的钱投资今天，本章中，我们探讨一下赚钱的另外一种方式——用别人的钱来赚钱。

如何把借来的钱用好

在我的财富课堂上，我经常会邀请三位同学上台做一个关于金钱的小游戏。为了方便说明，我把他们分别称为A、B、C。A是美发专家，B是生产衣服的，C是做鞋的。

A有能力把自己的头发打理得漂漂亮亮的，可是没有衣服和鞋子，所以无法出门去赚钱；

B有衣服穿，可是头发乱糟糟的，又没有鞋子穿，也没法出门赚钱；

C有鞋子穿，可是没有衣服，头发也乱糟糟的，同样无法出门赚钱。

所以，三个人总是闷闷不乐的。因为大家都没有钱，也买不到自己所需的物品。这个时候，我借给A200元钱。A拿着100元钱向B购买了衣服，于是B有了100元钱；A拿着100元钱向C购买了鞋子，于是C就有了100元钱；这时候A头发漂亮、衣着光鲜、鞋子整洁，他就可以去赚钱了，因为他有为别人提供美发服务的能力。

B拿着100元向C购买了鞋子，于是C有了200元；而B拥有了衣服和鞋子，只差做头发了，可是手上没有钱了，怎么办？

C手上有200元，他拿其中100元向B购买了衣服，于是B又有了100元。而C拥有了衣服和鞋子，只差做头发了。

C把剩下的100元请A做头发，于是A手上就有了100元。而C也头发漂亮、衣着光鲜、鞋子整洁，这时候C也随时可以去赚钱了，因为他拥有帮别人做鞋子的能力。

现在只剩下B了，他手上有C购买他服务的100元，他用这100元向A购买理发服务，这样A手上就有了200元。而B跟其他两位一样头发漂亮、衣着光鲜、鞋子整洁。这时候，B也随时可以去赚钱了，因为他有帮别人做衣服的能力。

此时，我把A手上的200元收了回来，我的钱没有减少，可是，A、B、C这三位却完全不一样了，他们都因此获得更多的金钱。

这就是金钱游戏。从这个游戏中，你想到了什么？当然，这个游戏无法完全展现市场的逻辑，因为还有利息、市场服务费、税收等复杂的支出。但至少可以让我们明白——钱是流动的——货币只有在流通中才能创造价值。

如果B的父母跟B说这个社会太险恶了，只有把钱揣在兜里或者存在银行里人生才有保障。那么，当100元钱到B这里时，B选择把钱揣在了兜里，而没有继续参与接下来的交换，这个交换就不能顺利地进行下去，大家还是无法获得各自所需。这时候，大家只能在各自的困境中煎熬。

因此，暂时没钱没关系，我们可以先从别人那里借钱。当你把借来的钱用好，你就有能力赚取更多的钱了。当然，当你有能力赚到更多钱的时候，你还需要支付借给你钱的人或机构利息和财务费用。否则以后没人愿意借钱给你。

为什么有些人能借到钱，有些人却借不到

金钱是有生命的，它会按某种规律流动。而货币是不记名的，只是在某个时间点上那笔钱刚好"流动"到你手中。所以，财富的意义，本就是在流通中产生价值。

我们经常会看到一些人把一大笔钱藏在床底下的新闻，这种行为是对"钱"的最大亵渎。从某种意义来说，**人们对财富只有"使用权"，而没有"所有权"**。明白了这一点，拥有财富就会变得非常简单——**谁会使用钱，谁就能拥有钱；谁不会使用钱，钱一定会离他而去**。

借钱并不是一件简单的事，从借钱这件事上，我们可以发现一些有关钱是如何流动的规律。

曾经，我也是一个穷小子，我第一次创业是在小县城里开一家小小的公司。当时，我向一个亲戚借了5万元钱。在20世纪90年代，5万元钱绝对算是一个大数目了，相当于现在的50万元甚至更多。但是，就算是这么大笔的数目，我的亲戚还是借给了我。他也不是一个很有钱的人，为什么会甘心借给我这么一大笔钱呢？因为在此之前，我曾经多次向他借过钱，

当然只是一些小钱。但每次我都能准时把钱还给他。在他的心目中，我是一个有信用的人。正是因为这份信任，他毫不犹豫地借给了我5万元。

当然，我也没有让他失望。大概一年之后，我就把钱还给了他。这是我第一次借大笔的钱去创业。

所以，当你没钱的时候，你可以向你的亲戚朋友借第一桶金。当然，借钱并不是一件容易的事，因为大多数人都不愿意借钱给别人。可是，为什么有的人很容易就能借到钱，而有的人却很难借到钱，大家可以好好想一想原因。

我的一位朋友没有像我一样早早下海，而是留在原单位上班，直到企业倒闭了，他才不得不被动下海。这时候他的年龄已经很大了，在小县城也很难找到合适的工作。他又不忍心离开妻子和孩子去大城市打工。于是，他想到了向我借钱创业。那时候，我已经有了一些资本。

好朋友想要创业，我就毫不犹豫地借给他10万元钱。很可惜，几年之后，他的生意没有什么起色。10万元钱在当时也不是一笔小数目，而且他是我的好朋友，所以我并没有计较。可是，让我失望的是，在之后的每一次见面中，他都没有跟我提过还钱的事情，也没有跟我表达还不上钱的歉意。

几年之后，他又向我借钱，理由是他想买一套房子改善居住条件。这一次我拒绝了他，因为前面那笔借款他不仅没有还给我，也对我没有任何交代，这已经让我失去了对他的信任。而且，他现在借钱不是用来投资，也不是用来救急，而是用来享受的，所以我毫不犹豫地拒绝了他。

通过这两个故事，我想让大家思考一个问题：**能借到钱的人身上有什么特点呢？**

让别人借钱给你的两个前提

其实，不单单是借钱，想要找别人投资也一样。投资或借钱，说白了就是让人愿意把钱暂时放在你那里。如果想要让人愿意把钱交给你，需要满足两个条件：

第一，你得有信用，你借了钱会还。 如果你不是一个有信用的人，我相信再有钱的人也不敢借钱给你。你的信用是建立在一些小事上的，如果你平常就是一个言而有信的人，答应别人的事情总会做到，你在别人心目中就是一个有信用的人。

为什么我能比较容易借到钱呢？因为我答应过别人的事情一定会做到。比如说，不管跟别人约在几点见面，我一定会准时到达。但是，我的很多学员，特别是那些做心理导师的学员，他们的迟到现象却特别严重。

我经常对我的导师团说："作为导师，你们上课都经常不准时，怎么能让学生向你学习呢？"毫无疑问，如果这样的人向我借钱，我是会拒绝的，因为他们没有遵守承诺。

第二个条件就是借了能还。 "能还"的意思是，你是一个有能力让钱生钱的人。如果钱在你的手上不能够增值，那这些钱就白白浪费了。你把借来的钱花光了，别人怎么相信你还有钱还给他呢？如果你有能力拿这笔钱去赚取更多的钱，别人才会对你有信心，愿意把钱借给你。

这两点中最重要的还是第一点。第二点让钱生钱的能力，我们可以慢慢学习，但是一旦你的信用没有了，就没有人愿意借钱给你了。一个没有信用的人会让身边的人"受伤"。

"会还"的前提是"能还"，一个人只有在有能力让钱增值的条件下，才有可能守信用。如果没有能力让金钱增值，把借来的钱用于消费，甚至用于奢侈品消费，最后用什么来还呢？如果你借钱时根本就没打算还，这就不是借钱了，这是欺骗。

用行动验证自己的信用与能力

有人说，验证自己的信用和能力的最好办法就是借钱。如果别人愿意借钱给你，就不仅仅表示你跟他的关系不错，还表示你的信用很好，别人对你的评价很高。所以，**与其抱怨有钱人不愿意借钱给你，不如从今天开始尝试建立自己的信用，同时提高自己的致富能力。**

接下来，我们就来测评自己是否有信用和能力，怎么做呢？

第一，测评一下自己的信用。 你可以调查一下，在别人眼中你是不是一个有信用的人。在你自己的眼里，你肯定觉得自己是有信用的人，所以你可以向几个要好的朋友借钱，来看看他们的反应。从他们的反应中你就可以知道，你过去在别人眼中，是不是一个有信用的人。

第二，评估一下自己的能力。 你可以反问自己：如果有人给了你一笔钱，你是否有能力让这笔钱增值？你可以把年回报率提高到多少呢？这笔钱在你手上增值的速度会比在别人手上更快吗？如果你有这个信心，那么借钱对你来说就不是什么难题了。如果你连这个信心都没有，凭什么要人家把钱交给你呢？

　　如果前两个问题的答案都是肯定的，那你就可以大胆地向朋友借钱了。当然，沟通的意义在于别人的回应，如果别人不愿意借给你钱，那只能说明，在别人眼中你并不具备上面两个条件。如果前面两个答案都是否定的，那不用我说，你也知道应该怎么做了——你要为未来"储备好"这两个条件，为以后借钱做好准备。

　　钱是不记名和流动的，它一定会往有能力、有信用的人那里流动。当你的条件具备的时候，钱会很自然地往你那里流。所以，我们与其苦苦地追逐金钱，倒不如一步一个脚印地为未来做好准备——今天种下一粒财富的种子，明天一定会收获丰硕的财富果实。

💰 财富行动指南

1. 试试向别人借钱，以此验证一下自己的能力与信用。

2. 保持敏锐的觉察力，为未来储备信用和让钱增值的能力。

谁会使用钱

谁就能拥有钱

谁不会使用钱

钱一定会离他而去

Chapter 13

如何用人来赚钱：先提升自己的层次

在上两章中，我们谈了如何用未来的钱和别人的钱来赚钱。在本章，我们将具体探讨一下如何利用其他方法去赚钱。

我们都有用之不尽的宝贝——人才

也许有些人会觉得自己出身普通，家无余财，想赚钱谈何容易。在本章内容中，我想跟大家分享一个励志故事，这个故事来自《三国演义》。

《三国演义》里有一个非常重要的人物——刘备。刘备的父亲英年早逝，留下他和母亲相依为命。他的母亲编得一手好草鞋，并把这个手艺传给了刘备，所以刘备早早就开始了摆地摊的生活。那时的他看起来是一个再普通不过的人，但最后刘备却做到了"三分天下而得其一"。

刘备与贵族出身的曹操和孙权相比，可谓白手起家。他要权没权，要钱没钱，要地没地，但一无所有的他一样可以开创一番事业，他靠的是什么？答案很简单，因为他懂得一个字——借。

不知道你是否注意过，《三国演义》中有很多关于"借"的故事。比如，"刘备借荆州""诸葛亮草船借箭"，等等。

所以，**不管你今天过得如何，不管你的出身有多么卑微，你都可以巧妙地借势创造一番事业。暂时没有资源没关系，你也可以向刘备学习**

"借"：借天、借地、借人才……最重要的是人才，因为人才才是用之不尽的宝贝。

刘备之所以能够在乱世中崛起，成为曹操口中的"英雄"，全靠他识人才、重人才，并把人才聚集在身边。从"桃园三结义"开始，他收获了张飞、关羽两员猛将；再到"三顾茅庐"，他得了诸葛亮的辅助。事在人为，有了人才，其他一切都好办。

所以，想要干一番事业、获得财富的时候，可以从凝聚人才开始。很多时候，我们只盯着自己的才能。如果你已经尽了最大的努力却一事无成，就会陷入一种深深的无助状态。其实，尽力并不仅仅指的是尽一己之力，还要尽他人之力。如果你懂得借用他人的才华，你就拥有了取之不尽的财富。

赚钱需要学会如何与人相处

用人，并不是一件容易的事情，其中大有学问。很多职场人士都会有这样一种感觉：认为自己的上司学历不高，看起来也没有什么能耐，凭什么他的职位可以比我高呢？为什么偏偏是他做领导呢？

其实，除了极个别的领导是靠歪门斜道上位的，绝大多数当领导的人都拥有一种非常重要却常常被人忽略的能力——**与人相处的能力**。他们懂得如何让跟自己一起工作的人有成就感和舒适感，这种能力跟其他任何专业能力一样，是一种不可忽略的能力。只可惜，大多数人只看重一个人做事的能力，却忽略其做人的能力。我们经常可以看到，一个人从幼儿园到大学一直在学习某种技能，但有多少人曾花过时间学习如何跟人相处呢？

我曾经就因为不懂得如何与人相处而吃尽了苦头。在学心理学之前，我是一个完全不懂得怎么跟人相处的人。我有过几段跟人合伙创业的经历，在创业的过程中，我深深地体会到经营公司不是最困难的事情，最困难的事情是处理股东之间的纠纷。我早期创业的好几家公司都因为合作伙伴之间的矛盾而解散。一旦股东之间出现了矛盾，这个公司就算经营得再好也于事无补。

这样的事情不止我一个人经历过，在从事心理学教育的23年中，我见过太多了。下面，我想跟大家分享一个因为合伙人矛盾而结束公司的故事。

我认识一位善于讲课却不善于经营公司的导师。他不愿意把时间花在经营上，所以他找了几位善于经营的学生一起组建了一家公司。这家公司的架构看起来非常完美，一开始业务也做得红红火火。可惜，好景不长，他的几位学生之间还是出现了矛盾，一家好好的公司分裂成了好几家相互竞争的公司，最后大家都陷入了困境。

为什么有的人就算是找到了人才也很难长期合作下去呢？为什么有些人就能像刘备那样，让那些性格迥异的人才在同一个平台上发挥各自所长呢？在用人方面，他们身上有什么我们不清楚的秘密吗？

用人必备技能：对人不对事

但凡对动物稍有点常识，你就会知道，群居动物一般都会有一个领导——狮群中有狮王，狼群中有头狼，马群中也有头马。在动物界中之所以会出现一个更高层级的领导，是因为它们需要一个领头的去协调其他动物之间的关系，否则就会互相残杀，甚至于种群灭绝。

人和动物一样，凡是有团队存在，就一定会需要人去协调队员之间的关系。

动物协调关系靠的是武力，狮王、头狼、头马都是群体中最强壮的那一个，这些动物中的王者都是靠自己的力量打出来的。但人跟动物是不一样的，人类在进化过程中发展出了超级大脑，所以人类团队的领导并不是靠武力打出来的，而是靠智慧。

那么，想要成为团队领导所需的智慧是什么呢？

我们经常会听到这么一句话，叫作"对事不对人"，这句话告诫我们要把焦点放在事情上，而不要放在人上，好像这样就能比较客观。但事实是，那些"对事不对人"的人常常会陷入困境。因为**一旦你把焦点放**

在事情上，往往就会忽略人的感受，这会让对方感到很不舒服。如果你想留住身边的人才，让他们为你所用，你就要把焦点放在人身上而不是事情上，也就是"先对人后对事"。

如何理解"先对人后对事"？请你想象一下，我今天中了大奖，随后买了一辆非常漂亮的、价值百万的红色法拉利跑车。作为朋友，你正处在恋爱阶段，很想借我的车带你的伴侣去兜个风。当然，我会毫不犹豫地把车借给你。但是，到了晚上，我接到你的电话，你对我说："团长，真不好意思，我把你的跑车给撞了。"

在这种情况下，一般会有两个回应。第一种回应是："有没有搞错，我那辆车价值百万呢，你居然把它给撞了？要修的话需要多少钱？赶快拍个照给我看看车哪里坏了！"如果我这样跟你说，你心里会有什么感受？我想，你肯定会又内疚又紧张。因为我的眼里只有车，根本没有你这个人，我把车的价值看得比你这个人的价值更大。这就是把焦点放在事情上，而没有放在人上。

第二种回应是："撞车了？你没事吧？有没有伤到哪里？"直到我知道朋友没事，我再关心车。如果你听到我这样的回应，心里一定会感到很舒服，你会觉得跟我做朋友真是很幸运。这就是先对人后对事。

看完这两种回应，我想你应该能够明白，协调人际关系为什么要**"对人不对事"——因为和"对人"的人相处时，你会感受到自己的价值，会被这种人性化的相处方式所吸引。**但社会上绝大多数的人会用你所做的事情来衡量你的价值，一旦你给他造成了一点损失，他就会觉得你一无是处，或者一文不值。在这种人面前，你会觉得自己毫无尊严、毫无价值。这样的人，有谁会愿意跟随他呢？

每个人都渴望被关注。只有当你身边的人感到舒服、有尊严和有价值的时候，他们才会把要办的事情办得更好。这就是"用人"赚钱的道理。

一个会"用人"的人，他必须要心中有爱。生命的最本质需求是渴望被肯定，心中有爱的人就会像太阳一样给周边的人带去温暖。有时候你遇到了困难和挫折，只要跟他聊天，就会感到十分温暖，充满希望。因为他看得到你的价值，从来不会用你做的事情来衡量你。

事情总有对错，而人是没有绝对的对和错的。每个人做事情背后总有其情绪和动机，如果你的情绪和动机被关注到了，你的内心自然会感到温暖。一个能让人感到温暖的人，我将其称为"发光体"。

一个人曾经怎样被对待，他就会用同样的方式对待别人。很多时候，"对事不对人"这个习惯已经根植于我们的潜意识里了。所以，你会看到这个社会上只有少数的智者才懂得用人。他们心中有爱、眼里有光，如果你遇到这样的人，期待你可以和他成为很好的合作伙伴。

如何上升一个层次成为领袖

如果你想成为一个会"用人"的人，首先要学会对人不对事。当你能做到这一点时，你就能上升到另外一个层次，成为团队中的领袖。根据自然法则，一个领导者必须懂得协调原有层级成员之间的关系。当两个人之间出现了矛盾，我们该如何去协调呢？

1. 看见。当你能看见双方的立场、局限时，你就会站在一个比双方都要高的视角上。

2. 当你能看见时，协调就变得简单了。首先，我们要肯定双方的出发点，就算行为不对，其正面动机也是对的。然后，我们可以尽可能地引导双方看见对方的立场和正面动机。最后，在满足双方需求的前提下，寻求一个双方都能满意的方案。

3. 当你能协调的人越多，你的层次就会越高。要学会协调关系，我们最好先从身边的人入手。每个家庭都有冲突，每家企业都有存在冲突的部门。如果你能协调家庭中的冲突，你就能让家庭生活更加幸福；如果你能协调两个不同部门的冲突，你就会成为部门经理。

会用人的人就像一盏明灯，能够吸引很多人去追随他；而那些不会用人的人就像黑洞，吸走别人的能量。中国有句老话叫"士为知己者死"，当你真正学会了用人，只要你一声令下，你的团队就会为你拼搏奋斗，何愁赚不到钱呢?

📎 财富行动指南

1.有意识地训练自己，不要把焦点放在事情的层面，而要把焦点放在人的情绪和正面动机上。

2.试着协调你身边那些有矛盾的人，训练自己具有高层次人才的能力。

如果你想留住身边的人才
你就要把焦点放在人身上
而不是事情上
也就是"先对人后对事"

Chapter 14
如何用人赚钱：充分发挥他人的潜力

在上一章中，我们探讨了如何用人去赚钱。下面，我们继续深入探讨如何才能让别人心甘情愿地跟随你，并和你一起赚钱。

如何平衡事业和家庭

我们都知道，生活和工作都需要我们花费大量的时间。很多时候，我们无法做到二者的平衡，而且总是顾此失彼。就像一首流行歌唱的那样，"我想去桂林，可是当我有钱的时候没时间，有时间的时候没有钱。"

我认为，要想成为一个真正富足的人，仅仅有钱是不够的。如果一个人把时间都消耗在赚钱上了，就算赚了再多的钱，其内心仍然可能是"贫穷"的，因为他根本没有时间去享受工作带来的成果。所以，我们先来探讨一下如何才能又有钱又有闲。

我先跟大家分享一个故事。几年前，智联招聘网站统计了一个数据：大概有98.3%的人都忙于工作，而忽略了家庭，更没有时间享受生活，这是一件很让人揪心的事。后来，智联招聘拍了一个非常触动人心的短片，叫作《情感银行》。这个短片讲述的是一个男生离开自己的家乡到一个陌生的城市工作，为了谋生，他不断地工作、不断地加班，连太太生孩子，他都没有办法尽心照顾。此外，他家里还有一个患心脏病的老母亲没人照顾。他的太太在短片里说了一句话："你要钱，还是要孩子？"意思是你要么回家陪我生孩子，要么你就继续赚钱，别要我和孩子了。

在现实生活中，我们总能看到一个人一旦决定去做一件事，比如说去创业，或者要完成一个项目，他们就会像一头老黄牛一样只顾低头干活，没有时间抬头看路。其实，这样会让他们错失很多机会。

要事业，还是要家庭？这个二选一的问题误导了不少人，因为它会将你导入一个两难的境地，不管你怎样选，都会失去很重要的东西。好像我们要了事业就没法要家庭，要了家庭就没法要事业一样。

心理学专家认为，一个选择等于没有选择，两个选择会让人左右为难，凡事都会有三个以上的选择。与其在两难选择中纠结，不如换一种方式问问自己：要家庭又要事业的话，该怎么做？

如何才能充分发挥团队的力量

大多数创业者或者想成为领导的人都怀着一个朴素的梦想——希望通过自己的努力让生活变得更好。可惜，事实大多会事与愿违。随着职位的升迁，他们的收入确实增加了，可是休息的时间却越来越少，生活的质量也越来越差。

有一句话叫作"能者多劳"，能成为领导的人通常都是能力较强的人。所以，很多事情都落在了他们的身上。按这样的逻辑，领导哪有不忙的道理？

在大多数企业和团队中，我们都会看到这样一种现象：领导忙得团团转，而团队中的一些成员却闲得发慌。要解决这个问题其实很简单，让你团队里的每一个人都为这个团队着想，让团队里的每一个人都负起责任。

当然，让每个人都对团队负责，并不是一件容易的事情，因为大多数人都是不愿意负责任的。

为什么人们都不愿负责任呢？

我们可以来感受这样一个场景。随便找一个身边的人聊聊，比如对你的伴侣或者朋友说："我觉得你要锻炼身体了。"对方很可能会这样回应你："谁说的，我身体好着呢，你才要锻炼身体呢！"

我们都知道，每个人都应该为自己的身体负责任，可是当你要求他人锻炼身体时，绝大多数人都不愿意承认自己需要锻炼。

为什么会这样？这里蕴含着一个心理学原理：**没有人愿意承认自己是错的。如果你告诉对方哪里做得不好，那他一定会否认，甚至会跟你作对。**

我们再来看这样的一个场景：

一对夫妻，通常是太太回家才煮饭，但有一天太太因为堵车到家稍微晚了一点，回到家的时候她发现先生已经到家了。先生回到家后首先打开了电视，拿着遥控器一个个地换台。这个时候，太太一边换鞋一边问先生煮饭了没有。先生在家里很少做饭，所以他就随口应了句："没有。"太太的怒气一下子就被点燃了，说："你怎么那么懒！先回到家，也不懂得帮我煮煮饭？你真是个懒鬼。"先生听到妻子这么说，觉得莫名其妙，明明自己为了养家早出晚归的，回到家想休息一下还要被骂，谁受得了？

我相信，此时大多数男士都会顶撞太太："我懒，我们能有这个房子住吗？我懒，你能有这个包包背吗？我为这个家庭已经累成这样，你还说我懒！"

大家有没有发现，这种场景很熟悉。所谓"当局者迷，旁观者清"，如果当事人是你，你未必能看清楚吵架的真相。其实，他们两个吵架并不是因为同一件事情。太太针对的是先生没有煮饭这件事，但是先生针对的是太太骂他懒这件事。他们都为了证明自己是对的，才说出那些饱含怨气的话。

那么，为什么先生听到妻子的责怪后不主动分担家务，甚至还和妻子争吵呢？一个很重要的原因是妻子骂先生懒，将先生过去的功劳都抹掉了，只看到了他没做饭这个事实。先生听到后肯定会很不爽，更别提煮饭了。**所以，一个人不愿意承担责任的一个重要原因，就是没有人愿意承认自己是错的。**试想，当领导在挑你毛病时，你会不会很不爽？

一个人总是盯着别人错误的代价是——没有人愿意帮你干活。对于一个领导者来说，这样的代价是很严重的，员工不愿意干活，那剩下的活只能是自己干了。

明知道挑别人毛病没什么好结果，可为什么还是有很多人乐此不疲地挑别人的毛病呢？从进化心理学中或许可以找到解释。

我们都知道，原始人生活在森林里，森林里会有很多猛兽，如狮子、老虎、毒蛇等，只有时刻将焦点放在防范危险上，人们才能生存下去。我们人类之所以能够延续到今天，说明我们的祖先是习惯于将焦点放在"危险点"（也就是不足）上的人。在漫长的进化中，我们的先辈会将这些有利于生存的习惯内化在我们的基因中，自然就演化成了我们习惯盯着别人的不足的心态。

一个很常见的场景是，一个孩子考了98分，还差两分就满分了，但妈妈就是揪着这两分的错误不放，却对98分的成绩熟视无睹。这个妈妈不能理解孩子为什么会做错这么简单的题，而孩子也因为得不到妈妈的赞美而觉得失落。

在这样的情况下，不管是谁，都会为了证明自己是对的而奋起抗争，甚至和你唱反调。**所以，要让人心甘情愿地为你做事，首先就要把对方**

放在对的位置，然后告诉他"你可以做得更好"。

也就是说，你要先肯定对方做得好的地方，再让对方看到自己的不足，如此他才愿意为没做好的事情负责。那么，如何才能把对方放在"对"的位置上呢？

先看见别人的优点，才能轻松赚钱

如果我们能把人放在"对"的位置，不仅可以避免很多无谓的争吵，还会让身边的人开心快乐。团队的成员、你的爱人、孩子也会非常有成就感，很愿意负起他们的责任，也听得进你的意见。当你身边的人主动负起责任时，你就可以轻松地享受生活了。

现在，你已经知道如何让别人心甘情愿地为你工作的秘密了。但这还不够，只有把这个习惯融入我们的工作、生活中，才能随时随地接受各种各样的挑战。

你可能也会觉得，这些道理自己都懂，但是遇到事情时就忘了该怎么做。在这里，我给大家设置一个简单的练习：

首先，养成看到别人优点的习惯。如果你是一个妈妈，哪怕看到孩子考试只考到了60分，你也要告诉他："60分，已经及格了，说明你已经很努力了，但我相信你下次还可以考得更好。"如果你是一个老板或是公司的管理者，当下属的业绩不太好时，你可以告诉他："前几个月你的业绩很好，说明你是一个有能力的人。只要你用心去做，我相信你会慢慢上来的！"

其次，告诉对方可以做得更好。通过前面的认可，你已经打开了对方的"心门"，对方愿意聆听你的意见和请求。这时候，你就可以告诉他哪里还可以做得更好，或者他需要去做什么事。

最后，可以从一些难度较低的事务做起。我们可以通过微信朋友圈来训练自己，你可以给你朋友圈的好友进行评论，给你的朋友肯定和希望，让你身边的人感到有成就。例如，你可以这样评论："看到你工作这么忙，真佩服你有这么好的精力！"或者"今天的照片很好看，你真是一个会生活的人！"如果养成了这种能力，你会发现，有很多人愿意为你做事，很多人也愿意追随你。

许多人都爱挑别人的毛病。而在众多挑剔的人中，如果你能看见别人的优点，并愿意肯定对方，那你就很容易吸引大家的目光。如果你是一个团队的领导者，你就可以有更多的时间去做其他事情，因为你的下属已经积极主动地帮你完成了一些事。

如果你是一名普通的职员，只要你愿意去做这个练习，你身边就会有大量的支持者，他们也会在你这里获得成就感。假以时日，你一定会成为一名卓越的领导者。

如果你能做到这几点，你就是一个真正的发光体，一个广受他人喜爱的人。

然而，有才华的人都是有个性的人，我们该如何让更多有才华的人帮你赚钱呢？如何让有个性的人愿意跟随你呢？这些内容，我们将会在下一章中具体探讨。

💰 财富行动指南

1.养成先看别人优点的习惯，先肯定对方，然后再告诉对方可以做得更好的地方。

2.通过评论微信朋友圈来训练自己肯定别人的能力。

要让人心甘情愿地

为你做事

首先就要把对方

放在对的位置

然后告诉他

"你可以做得更好"

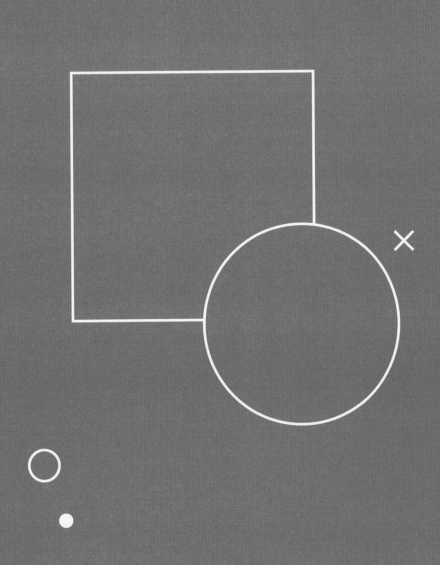

Chapter 15
容纳他人梦想，升级金钱格局

在前两章中，我们谈了如何用人帮我们赚钱，第一是要先对人，后对事；第二是要把人摆在"对"的位置。但有出众能力的人一般都是有个性的人，那么，我们该如何跟那些特别有才华的人一起共事、一起赚钱呢？

有钱人身边总是有很多人才

　　有很多人都说我很善于跟不同的人合作。其实，关于合作，我还有很多地方需要学习。不过，在这里，我很愿意分享自己成长的经历，希望能带给大家一些启发。

　　每年正月十五过后的第一个周末，我们公司都会举办一场大型的心理学会议。我们会邀请来自世界各地的心理学专家，这些心理学专家都是各自领域的佼佼者。十年前的一场心理学大会上，有一位来自美国的FBI（美国联邦调查局）谈判专家在吃饭时跟我说："你能把那么多来自不同地方、自以为是的家伙聚在一起交流，真的很了不起，我很佩服你！"

　　听到这句话，我感触极深——自己内心深处的委屈被看到了。要知道，这些专家来自世界各地，他们所研究的心理学流派不同，性格也各不相同，而且他们都很有个性，谁也不买谁的账。所以，要把他们聚在一个平台演讲，真不是一件容易的事情。虽然我做到了，但背后的心酸只有我自己知道。

　　而且，我之所以会感触极深，也是因为我当时能力有限，还没有做到真正地接纳这些性情各异的人才。

所以，我非常佩服那些能把人才留在身边的人。比如，在春秋战国的时候，齐国的孟尝君号称有门客三千，只要是有才能的人，孟尝君都会让他们各尽所长。而对于没有才华的人，也能为他们提供生活保障。

有一次，孟尝君率领众宾客出使秦国，秦昭王将他留了下来，想让他当相国。孟尝君心里不愿，但也不敢得罪他，只好留了下来。一段时间后，有大臣就对秦昭王说："孟尝君出身王族，在齐国又有封地，他怎么可能会真心为秦国办事呢？所以大王你要趁早把这个人杀了。"于是，秦昭王便改变了主意，想找个借口把孟尝君杀了。

秦昭王有个宠姬，昭王对她有求必应，于是孟尝君派人去求她救助。宠姬答应了，条件是拿齐国那件天下无双的狐白裘（用白色狐腋皮毛做成的皮衣）作为报酬。这可难为孟尝君了，因为刚到秦国时，他便把这件狐裘献给了秦昭王。就在这时候，有一个门客说："我能把狐裘找来！"说完就走了。原来，这个门客善于偷东西，知道昭王特别喜爱那件狐裘，把它珍藏在宫中的藏宝室里。他便借着月光，逃过巡逻人的眼睛，钻进藏宝室里把狐裘偷了出来。

宠姬见到狐裘后高兴极了，想方设法说服秦昭王放弃杀孟尝君，并准备过两天送他回齐国。孟尝君可不敢再等，连夜率领手下向东奔逃。他们到达边境的函谷关时正是半夜，按秦国法规，函谷关每天鸡叫才开门。

深更半夜，鸡怎么能叫呢？这下子，一行人被困住了。此时，一个门客站了出来，说自己能解决出关的难题。原来，这个门客擅长口技。他一学鸡叫，旁边的鸡也纷纷鸣叫起来。守关的士兵虽然觉得奇怪，但还是起来打开关门，放他们出去了。于是，孟尝君便靠着"鸡鸣狗盗"

之士的帮助逃回了齐国。

当然，我说这个故事并不是想让大家去做那些鸡鸣狗盗的事，而是想告诉大家，**有作为的人一定有旁人所不及的容人之量，这样的人手下一般都有各种各样的人才，要和这些人相处并不是一件容易的事。那么，他们是如何做到的呢？**

聚集人才的秘密

"物以类聚，人以群分"，如果你只能跟你类似的人相处，结果只能像武大郎开店一样——员工一个比一个矮。但那些成功人士，他们的手下通常都会强于自己，这样才能拥有一个非常有行动力的团队。那么，如何才能和个性迥异的人相处呢？

张国维博士是我非常佩服的一位导师，他不仅课讲得好，更重要的是他把自己所讲的内容全都做到了。比如，他的亲子课程非常受学员欢迎，而且他还把自己的三个儿子都培养成了博士。他之所以能事业成功、家庭幸福，其中最重要的原因就是心胸宽广，他能跟各种各样的人相处，而且深得学员的喜爱。

像张博士那样有大成就的人通常能看到一个人行为背后的正面动机，就像张博士经常对我说的：**眼睛只能看到眼前的事情，但眼光却可以看到常人所看不到的东西。**

这就是为什么那些大成就者能让奇才、怪才为自己所用的原因。一个人，不管他的行为多么怪异，都有一颗渴望被看见的心。这也许就是我们常说的"士为知己者死，女为悦己者容"，当你能够真正地理解对方、接纳对方，那对方就会把你当成人生中的知音——即所谓的"君以国士待我，我当以国士报之"。

你能帮助多少人实现梦想

就算你是别人的知音，别人十分愿意为你工作，那还是不够的，因为这并不会让一个人充分发挥出他的潜能。一个人只有为自己的梦想努力时，才能真正激发他们的内在潜力。所以，成大事者都有一个特点：他们都是在帮助别人实现梦想的同时，顺便实现了自己的梦想。

如果你的领导或者你身边的朋友只考虑自己的利益，对你的想法、感受或者梦想一概不管不顾，你愿意跟随这样的人吗？我想，没有人愿意留在这样的人身边。

2001年的时候，我做了一个游学项目，带着很多企业家到海尔集团考察学习。我们在学习的同时，也顺便到附近的景点旅游。关于旅游的事宜，我通常会委托给旅行社。旅行社的导游一般都会安排我们去购物，因为购物点的东西都非常昂贵，品质也不怎么好，为了让我的学员不被别人"宰"，我会尽量让他们快点逛完，然后去下一个景点。

当我在催促这些学员的时候，我发现一个学员在那里大包小包地买青岛海产。我就跟他说："这里的东西贵，如果你想买，晚上我陪你去另一条街，那里的东西又便宜质量又好。"在等待打包的那段时间，他跟我说了一番话，这番话至今影响着我。

他笑了笑问我："团长，你知道导游靠什么吃饭吗？"

我说："当然知道啦，他是靠小费呀，还有购物的回扣。"

他说："你既然知道，还劝我不买？你看，我们这个团没有多少人买东西，如果连我也不买的话，导游就没有收入了，那他就会不开心。未来的五天我们都要跟着导游玩，如果他不开心的话，那我们全团人的心情都会受到影响。我在这里买点东西，导游开心，我们的团友未来五天都开心。同时，我可以把这些礼物送给我的亲朋好友，让我的亲朋好友也开心。团长，你说我买贵一点值不值得？"

这番话让我十分震惊！我没想到有人可以这样思考问题——他不仅从自己的角度出发，还能从导游的角度、团队的角度、亲朋好友的角度思考问题。**一个人的心有多大，才能容得下如此多的人。**

从那一刻开始，我就由衷地佩服他。我心中暗想，这个人未来一定会有更大的成就。果然，十多年之后，他的企业从一个小工厂做到了几十个亿的产值。

为什么他的事业能做这么大？我想，一定是因为他身上具有某种超越常人的独特之处——**他的心胸足够宽广，他能考虑到更多人的利益。**

所以，要让别人心甘情愿地为你工作，你就要让他们在你的团队里实现他的梦想，而不仅仅是你的梦想——当你的梦想大到可以涵盖他的梦想时，他才能帮你实现你的梦想。

这就是我经常说的"容"的概念。如果我们容不下身边的人，那我们可能会错失很多人才。

如何让人才心甘情愿地帮你赚钱

通过上面这两个故事，我们已经明白了，要想让那些有才华的人帮你赚钱，你需要具备两个条件：

第一个条件，学会从一个人的行为背后看到他的正面动机，不能因为一个人暂时的错误行为而否定对方的全部价值。

第二个条件，你的心胸要足够大，你的梦想要足够丰富。当你的梦想足够大的时候，你才能容纳得下别人的梦想。因为没有人愿意为你实现梦想，他们只想实现自己的梦想。

那要如何做到这两点呢？在这里，我给大家布置两个练习：

第一个练习，去做一个"白日梦"，想一想如果你现在就有一个亿，你会怎样生活？把它写下来，然后看看你所写的内容里包含了多少人的梦想。如果仅仅是你一个人的梦想，那对不起，你可能还没有资格让更多的人为你服务，因为每个人都想实现自己的梦想。你要从写下来的梦想中去觉察、去调整，看看如何才能让自己的梦想容得下更多人的梦想。

第二个练习，刻意去和那些你不喜欢的人或者性格和你完全不同的

人相处，试着把他们放进你的世界里。这样的训练可以慢慢拓宽你的眼界。如果你能慢慢地容纳这样的人，那表示你的胸怀越来越大了。你能包容对方的行为有一些你不能接受的地方，试试从他的行为出发，去发现他的正面动机。

记住，没有人会无缘无故地为你工作。首先，你要关注到他的正面动机，给予他肯定或者机会。然后，你要帮助他实现自己的梦想，同时也是在实现你的梦想。前提是你的梦想要大到容纳更多人的梦想，这样人才才愿意聚集在你身边。

💰 财富行动指南

1.做一个白日梦，想一想如果你现在有一个亿，你会怎样生活？把它写下来，然后看看你所写的内容里面包含了多少人的梦想。

2.刻意去和那些你不喜欢的人，或是性格跟你完全不同的人相处，试着把他们放进你的世界里。

成大事者都有一个特点
都是在帮助别人
实现梦想的同时
顺便实现了自己的梦想

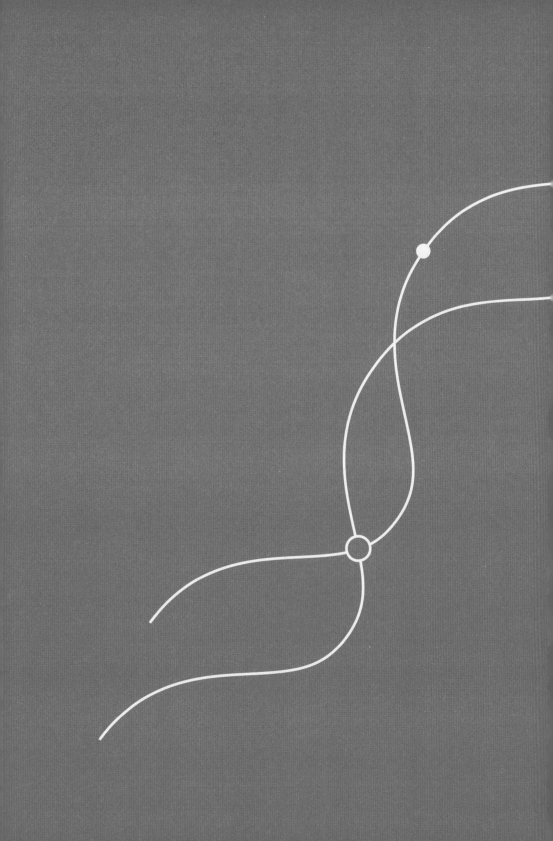

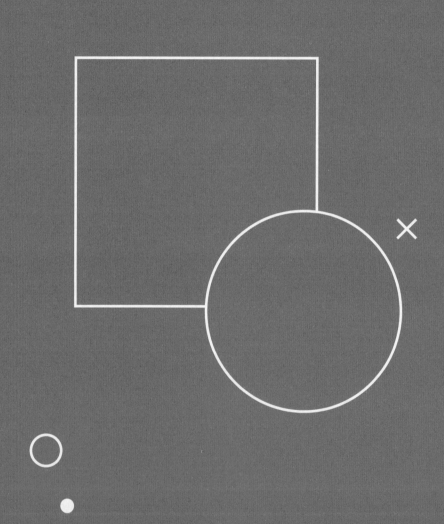

值钱篇
如何让财富找到你

Chapter 16
什么样的人值钱

从本章开始，我们就要进入值钱篇。

所谓"值钱"，就是让钱来找你。一个有内在吸引力的人，会自动吸引财富。从本章内容开始，我们要回到自己的内在，看看有哪些角度可以提升自己，把自己变成一个高价值的人。

为什么钱会追着有些人跑？

这个世界非常奇怪，有些人终其一生苦苦追逐金钱而不得，但金钱却会追着另一些人跑。

那些被钱追的人，我将其称之为"值钱"的人。那么，值钱是什么意思呢？

值钱有两个含义：

1. 值得别人给你钱，这是一个人的能力问题；

2. 值得拥有钱，在心理学上叫作"配得感"，这关乎一个人的内在。

钱究竟会主动找什么样的人呢？

曾经，金融业是非常热门的一个行业，因为金融从业者一般收入高，且工作轻松。可是，随着经济的发展，金融从业人员的压力也开始增大。很多人都曾被业务电话骚扰过，其中一种骚扰电话就是理财顾问打给你的，他们会向你销售理财产品。这种现象以前是不存在的，因为你把钱放进银行后，就会有利息收入。所以，以前的银行从业人员工作轻松，收入可观。

为什么这种现象改变了呢？因为随着经济发展，投资的机会越来越多，人们拥有了更多的选择，当然是哪里回报率高就投资哪里。而银行的回报率有限，所以业务人员才需要不断打电话拉客户。然而，就算业务人员拼命地向你推销，你也不一定愿意把钱交给银行。

与之相反，有些人并不会主动找你，而你却会主动把钱交给他。还记得在《贫穷的本质》那一章里，我分享过的一位投资人的故事吗？在研读投资课程期间，他不仅让我获得了赚大钱的信息，而且颠覆了我对股票投资的观念。

那次课程结束之后，我就想把钱交给他来投资。虽然他要收比较高的手续费，但我还是毫不犹豫地把钱交给了他，希望能通过他的操作使我的资产增值。

没想到，他却对我说："我们认识才半个月，你对我了解吗？你就这样把钱交给我，你不担心吗？不用急，机会有的是，当你对我有了了解之后，我们再合作吧！"

自此之后，我一直跟他保持联系，隔一段时间就约他吃饭，我总是追着他想把钱交给他管理。所以，这个投资人就是一个被钱追的人。那么，像他这样"值钱"的人有什么特点呢？

他的特点就在于能让钱生钱。当然不仅仅是我，还有很多人想把钱交给他管理，因为钱到了他手上会变多。**在这里，我们可以看到一个很简单的关于钱的流动规律——钱会往那些能让钱增值的人那里流动。**

马太效应：把钱交给值钱的人

这个规律和经济学里的马太效应有关，它源于《圣经》里的一个故事：

有一个主人有事要出远门。在出门之前，他把家里的三个仆人分别找来，给了每人十两银子，让他们妥善保管，然后就外出了。第一个仆人感到主人给予自己莫大的信任，他觉得一定要把这些银子保存好，不然就是愧对主人。于是，他在床底下挖了个坑，把这十两银子埋在床底下；第二个仆人也觉得主人对他这么信任，一定不能愧对主人，于是他把钱放进了钱庄，希望主人回来的时候能让这十两银子增值；第三个仆人同样觉得不能愧对主人，于是他拿着这些钱去做生意。等主人回来的时候，他已经把本钱翻了一番，原来的十两银子变成了二十两。

一段时间之后，主人回家了。第一个仆人忠心耿耿地从床底下把银子挖了出来，原封不动地交给主人。第二个仆人也拿出了他从钱庄取出来的银子，还有一两银子的利息。第三个仆人也把原来的十两银子，还有他做买卖赚来的十两银子一起交给主人。

这个主人看了看三个仆人，对第一个仆人和第二个仆人说："把你们的银子都交给他吧！"

"主人"之所以把前两个"仆人"手里本来就少的资产夺过来，交给第三位"仆人"，是因为他能让资产增值。这个故事听起来非常残酷，但在我们的现实生活中，"主人"就是一个看不见的手——即隐形的财富分配者。

在现实生活中，我们也经常看到富者愈富、贫者愈贫的情况。如果你是那个主人，或许你也会把第一个和第二个仆人的钱交给第三个仆人，因为第三个仆人能让你的钱增值。所以，**如果你想拥有更多的钱，你必须拥有让钱生钱的能力。只有拥有这种能力的时候，才会成为一个值钱的人。**

如果你是投资人，你会投资给自己吗

如果你想吸引更多人的钱，你需要思考这样一个问题：如果你是一个投资人，你会投自己吗？

你可能会轻易地回答："我当然会投资自己了！"

但是，在回答这个问题之前，你应该先考察一下自己的比较优势。你的投资是有机会成本的，如果你要投给你自己，就会放弃更优的选择。把钱投在你这里，能让钱"生出"更多的钱来吗？跟你身边的人对比，是你还是你身边的人能"生出"更多的钱来？

投资人的目标是赚取更多的利润，当你把钱投在自己身上不能产生更多的利润时，那为什么要把钱和资源投给自己呢？

那些值得别人投资的人必须具备以下两个条件：第一个条件是他要有让钱生钱的能力；第二个条件是他能让钱生钱的速度比周围的人更快。如果你没有这两方面的能力，那投资人一定会把钱交给其他人，只有这样他的回报率才会更高。

如果你具备以上两个条件，那我相信很多人都会追着把钱交给你打理。

我们来反思一下，如果你具备这种能力，那自然是皆大欢喜；如果你不具备，你打算如何让自己拥有这种能力呢？

首先，我们要建立投资的意识。在前面我讲到过的一本书《贫穷的本质》中，有一个关于改良品种的故事。为了改良落后地区的粮食品种，增加粮食的产量，NGO组织采购了一些优良的品种，并将之发给当地的农民。可惜只有10%的人会把种子种在土地里，以期产生更多的粮食。而其余90%的人会把这些种子当成粮食吃掉。

当大家听这个故事的时候，都会觉得那90%的人很愚蠢。但是，俗话说"旁观者清，当局者迷"，在现实生活中，我们又何尝不是那90%的蠢人呢？想一想，在过去的十年，你有为自己的未来预留"财富的种子"吗？

财富可以像粮食一样被用掉，也可以被用来作为种子。大多数人在拥有了财富之后，并没有留下一部分做种子，而是把种子都吃掉了（也就是用掉了）。如果我们把赚的钱都花掉了，没有让它"生出"更多的钱，这跟那些吃掉种子的人有什么区别呢？

我们要向农民学习，要把今年的收成留下一部分当成未来财富的种子。这样，你才能得到生生不息的资本。

其次，你要不断学习让钱生钱的能力。你可以先留意身边的那些有钱人，看看他们是如何让钱生钱的。此外，身处蓬勃发展的互联网时代，你可以在网络中获得非常多的学习机会。只要你愿意学习，就可以跟各种各样的"高人"学习，并和他们保持联系。我相信，你一定能从他们身上学到更多专业的投资知识。

投资当然是有风险的，如果你能从每一次投资的风险中学到经验，那你的投资就变成了学费。如果你能从中学到一些东西，投资风险便会随着经验的增加而逐渐降低。有句话叫"花香蝶自来"，只要花足够香，你就能吸引更多的蝴蝶，让自己成为一个让钱生钱的人。

财富行动指南

1.在你认识的人中，选一位最能让钱生钱的人，跟他保持联系，观察他、研究他，然后模仿他。

2.不管你现在拥有多少钱，不管你有多少收入，请试着拿出你收入的至少10%，用来实践你学到的投资知识。仅仅有知识没有用，只有把知识落实到行动中，才能创造成果。

思考一个问题：

如果你是一个投资人

你会投资给自己吗

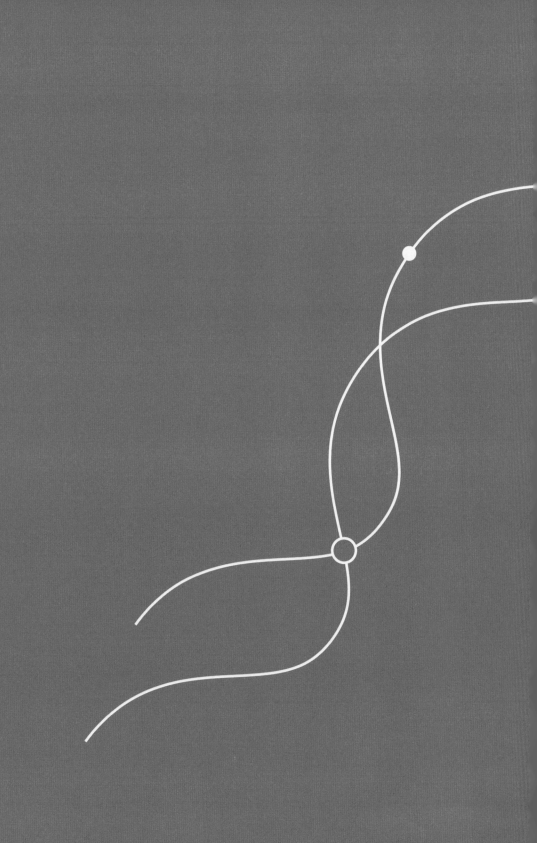

Chapter 17
找出你最值钱的特质

前两章中我们探讨了如何让钱来找你。首先，你得成为一个值钱的人。而要让自己成为一个值钱的人，必须先找到自己值钱的特质。

在本章中，我们就来探讨一下：你最值钱的特质是什么？

发掘自己最擅长的事

楚汉战争中，有一次，刘邦问自己的得力干将韩信："你大概能带多少兵？"

韩信很自豪地告诉刘邦："我带兵越多越好！"

刘邦又问韩信："那你觉得我能带多少人？"

韩信想了想，说："大王，我想你最多能带十万人。"

一听到这个答案，刘邦的脸色都变了。他心想："我是王，你是我的部下，凭什么你带的兵还比我多，难道我的能力不如你吗？"

韩信觉察到了刘邦脸色的变化，马上用一句话化解了这个尴尬的局面，他说："大王，你领导的是将军，我领导的是士兵，所以咱们领导的是两种不同的人。"

为什么韩信带兵多多益善，刘邦却最多能带十万人？如果换一下角色，让韩信来做皇帝，叫刘邦来带兵，他们还能创造同样的功绩吗？

我们每个人都有自己的局限性，就算是贵为帝王的刘邦，在带兵方面也不如手下的大将韩信。一个人如果没有做自己擅长的事，一定是前途无"亮"的。所以，反推己身，你要找找自己最擅长的是什么，问问自己现在正在做的是不是自己最擅长的事情。

每个人都有自己最擅长的领域，如果我们放弃了自己最擅长的，去做一些自己不擅长的事情，不仅会事倍功半，也许还会让你痛不欲生——一旦方向错了，你越努力，离目标反而会越远。

工作是人生中不可或缺的一部分，它不只是谋生的手段，更是人生的一部分。对于绝大多数人来说，工作占据了人生的三分之一的时间。如果我们从工作中只能收获厌倦、焦虑和失望，那人生的三分之一时间就被白白浪费了。

在《如果找对职业——每一种性格都能成功》，一书中，作者罗杰·安德生在长达二十多年的职业生涯中，目睹了很多人由于选错职业，使得本该辉煌的人生不得不草草收场，这些人在工作中勤勤恳恳，但却郁郁不得志。为此，他甚为感慨。若有机会重新选择职业，他认为，这些人其实都有可能成功。

在我这么多年的职业经历中，这种才华与工作错配的情况其实也没少见。如果你在工作中感受到无价值、无动力，或者总是提不起激情投入其中，那么，我建议你不妨及时止损，选择自己更喜欢的新工作，或者充分认识自己的兴趣、才华后重新择业。

以兴趣为起点，提高工作能力

为什么有些人在工作中如鱼得水，而有一些人上班前要做很久的心理建设才能出门呢？不妨问问自己：现在的工作是不是自己真正喜欢的，或者是不是你真正的天赋所在。

电影《哪吒之魔童降世》的导演杨宇原本是学医的。大三那一年，他发现自己感兴趣的并不是治病救人，而是做动漫。于是他做了一个决定——放弃学医转做动漫。在自己的一个动漫短片获得成功后，他决定开始做动画电影——因为选择了自己最擅长的事情，即使他是一个非专业的导演，却依然成了中国电影界的一颗耀眼新星，并创造了中国动漫电影的历史。

我的故事跟杨宇有点类似，都是在人生中某一个点上突然做了一个改变一生的决定。像我和杨宇这样的人都是幸运的，因为我们有勇气去改变自己的方向。但并不是每个人都有这样的勇气，很多人宁愿痛苦一生，也不愿重新选择。

也有的人被迫选择了自己不喜欢的方向。比如，我此前提到过的一

191

个案例——咨询者是一位漂亮的女士，丈夫非常优秀，儿子聪明伶俐，生活幸福美满。但她并不开心，甚至想毁掉这一切。原来，这一切都是她父母安排的，她的学校、专业、工作，甚至连丈夫都是父母选的，她的前半生似乎没有做过自己的选择。

另外有些人是自己选错了方向。我公司的一位编辑是一个很有才气的人。他的文章写得很好，几年内就从一个普通编辑做到了公司高层。可惜他不甘心只做文职工作，总觉得自己可以转做经营。最后，他选择了自己创业。后来，我断断续续听到一些有关他的消息，他在创业的过程中总是碰到各种各样的困难。几年之后，他还是回到了自己擅长的领域，在创意写作方面取得了一些成就。

当然，我对此很高兴，因为他重新找回了自己的方向。

那么，我们该如何选择自己的事业发展方向呢？

对此，一般人会考虑以下两点：

1. **能力：**大多数人做选择时都会把能力放在首位。殊不知，正是因为这样的限制，自己才痛苦了一生。一个人的能力和其投入的时间和精力有关。除了少部分需要极高天赋的工作外，对于一个智力正常的人来说，社会上大部分的工作只要愿意投入足够的时间和精力都可以胜任。不过胜任是一回事，喜不喜欢又是另外一回事了。

2. **兴趣：**另外一种人选择工作时以兴趣为主，因为自己感兴趣的事情会做得更开心。这种选择方式看起来很合理。不过，要看到，根据兴趣选择的工作也有做不下去的时候。我一直对周游世界非常感兴趣，也曾经从事了好几年周游世界的工作，可是做了好几年也没做出什么名堂，最后只好放弃。我猜，一定有不少朋友有过类似的经历。

　　归根结底，兴趣跟我们的需求有关。人类在进化的过程中，基因里已经内置了很多让我们感兴趣的"程序"。也就是说，为了确保人类的生存和繁衍，这些"程序"会对有利于人类发展的行为给予奖赏，比如，人类为了生存，要确保摄入足够的能量。而吃富含脂肪的食物会让人充满力量，于是人们对高脂肪的食物会产生兴趣。

　　与之相似，为了繁殖后代，确保基因能够传递下去，就要对性行为给予奖励，于是人们对性就有了兴趣；为了对付凶猛的野兽，人类需要团结在一起，于是人们对社交就产生了兴趣……

　　心理学家马斯洛对此做出了详尽的研究，他把人的需求分成生理、安全、社交、尊重和自我实现五个层次，如下图：

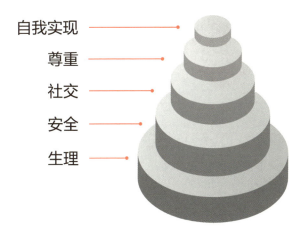

　　人们对能满足这些需求的行为都会产生兴趣，这是人类共通的兴趣。可是，每个个体对于同样的事情的兴趣又会不一样，比如社交，有的人喜欢参加各种社交活动，而有的人却喜欢一个人"宅"在家里。

　　对于个体而言，兴趣又跟什么有关呢？

我们来看下页这张图：

从图中，我们可以看出，如果一个人从事那些远超出自己能力范围的事情，就会感受到压力。相反，从事一些远低于自己能力的事情时又会感到无聊。只有做那些刚好与自己能力匹配的事情时，才会获得成就感，才会从中找到乐趣。

所以，那些让我们感兴趣的事，其实就是我们能从中获得快感和成就感的事情。这种感觉可能来自外在的肯定、赞美、欣赏等，也可能来自内在自我价值的实现。

兴趣与能力有关，当你选择一种工作时，也许一开始和自己的能力相匹配，所以很感兴趣；可是随着工作的展开，工作的难度会随之增加，原来的兴趣就会变成压力，于是原来充满兴趣的选择只好被放弃，又开始了新一轮的选择。

如果选择还是以兴趣为起点，那么一段时间之后或许又是一轮新的循环。

长板理论——发挥你的天赋

我们都知道，管理学里有一个理论叫"木桶理论"，意思是一个木桶的容量取决于最短的那块板。这个理论误导了很多人，包括我们的父母。

在对孩子的教育中，父母通常只会有一个想法，就是弥补孩子的短板。当孩子的某一门功课比较弱的时候，我们会拼命地找补习老师把最弱的那门功课成绩提上来。因为考试是要看总分的，如果你某一门功课比较弱的话，确实很吃亏。但是，当我们把精力花在补短板的时候，我们的长板就会失去优势。

当年朱自清先生考北大时，数学考了0分，但还是被破格录取了——数学方面的短板并没有影响朱自清先生成为一代文豪。工作之后，没有人考核你的总分，社会只会看你最擅长什么。如果你依旧花费大量精力弥补自己的短板，却不注重发掘自己的长板（即优势），那你就可能成为一个平庸的人。

实际上，木桶理论非常适合组织管理，因为组织可以互补。一个团队总体的战斗力取决于其最短的那块木板，领导只有找到一些长板来弥补这个短板，这样团队才会有战斗力。

个体的精力和时间是非常有限的，所以个体更适合"长板理论"。只要把一个人的强项发挥得淋漓尽致，任何一个人都会有成就。想象一下，如果让打篮球的运动员去演小品，演小品的演员去打篮球，那他们一定会成为最差劲的那一类人，因为那是他们的短板。只有发挥自己的天赋，才能让自己出类拔萃。

著名人力资源专家罗杰·安德生通过大量的职业研究发现：**98%的成功人士之所以能成功，是因为他们选择的职业刚好与其天赋相符；相反，那些在职场上失败的人，并不是因为能力有问题，而是因为他们选择的工作恰好是他的短板。**

我们每个人都有自己的天赋，也都会在某些事物或者领域中具备很强的潜力——这可以使人在具备同样经验甚至没有经验的情况下以高于其他人的速度快速成长。

从历史上看，从事智力研究的科学家数不胜数。从罗伯特·斯腾伯格的智力三因素理论，到韦氏测评的数十项智能分类，各派都同意——智力是由不同部分构成的，比如观察力、注意力、记忆力、思维力、想象力，等等。

一个人要想有所作为，只有从天赋入手，他才会非常容易地找到自己的兴奋点。因为这是他的天赋所在，在这一领域他能够轻易地超越他人，当然可以收获成就感。这时，你会神奇地发现，天赋、兴趣、能力三者居然能够和谐地达到统一。

如何找到自己的天赋

那么，我们该如何寻找自己的天赋呢？

天赋通常有如下三个特点：

1. 不费力：某些方面你不需要怎么用力，就能轻易地超越身边的人。

2. 专注：当你做某件事的时候，你很容易专注其中，完全忘记时间的流逝。我有一位作家朋友在机场候机时写文章，会经常忘了时间而误机。那么，写作就是他的天赋。

3. 自我赋能：当你做某件事时，就算身体已经十分疲劳，但你精神上却充满了愉悦，内心充溢着满足感。

如果你找到了跟上面三点相符的感觉，那么你已经在从事跟自己天赋相符的事业，你自然会找到人生的乐趣。你也会发现，工作本身就是一种奖赏，因为你会从中获得强烈的成就感。这也许就是罗杰·安德生所说的——每一种性格的人都能成功。

如果你能找到自己的天赋，你就一定能找到让自己值钱的那个点。

　　每一个人都有自己的天赋，天赋就像上天送给我们的独特礼物。万物皆有规律可循，聪明的人会利用自己的天赋找到适合自己的成长之路。

　　最后，我想以一首斯威夫特的诗作为本章内容的结束：

　　动物明白自己的特性：
　　熊不会试着飞翔，
　　驽马在跳过高高的栅栏时会犹豫，
　　狗看到又深又宽的沟渠会转身离去。

　　但是，
　　人是唯一一种不知趣的动物，
　　受到愚蠢与自负天性左右，
　　对着力不能及的事情大声地嘶吼：
　　坚持下去！

　　出于盲目和顽固，
　　他荒唐地执迷于自己最不擅长的事情，
　　使自己历尽艰辛，
　　然而收获甚微。

财富行动指南

1. 盘点一下自己的天赋。不妨看看自己在做什么事情时是不费力、专注且自我赋能的？回顾自己的童年时期、学生时期或是现在，看看有什么事是可以轻松超越别人的？

2. 当你找到自己的天赋所在时，再看看你现在从事的领域，你能从中找到自己事业发展的方向吗？

当我们把精力花在

补短板的时候

我们的长板就会失去优势

Chapter 18
如何让自己越来越值钱

在上一章中，我们探讨了如何找到自己的天赋。只有找到自己的天赋，在自己天赋所在的领域中去发展，你才能够成为一个值钱的人。

在本章中，我们将会探讨如何让自己越来越值钱。暂时"不值钱"不要紧，重要的是我们要让自己明天比今天更值钱。只要我们一天比一天更值钱，总有一天会实现财富自由。

为什么有能力的人却没人敢用

很多人觉得只有那些有能力的人才会值钱，其实并不一定。《三国演义》里有一个很有能力的人——吕布。他是一个能征善战的将领，发生在他身上的一个故事叫"三英战吕布"——刘备、张飞、关羽三个人一起都打不过他。可想而知，吕布的武力值有多么高。

在历史记载中，吕布认董卓为干爹。但吕布受司徒王允的鼓动杀了董卓。随后，吕布被曹操打败，投奔徐州的刘备，刘备收留了他。在袁术兴兵攻打徐州时，刘备迎击，两军相持。在袁刘相持的阶段，吕布却偷袭下邳城，俘虏了刘备的妻子。刘备回军后被袁术打败，于是向吕布求和。吕布将刘备的妻子归还，刘备则回到小沛。不久之后，吕布率兵攻打小沛，刘备战败，前往许都投奔曹操。最终，曹操亲自出马征讨吕布，水淹下邳，吕布的一个部下叛变，城破被俘，吕布被曹操处死。

吕布一生都在出卖自己的领导，最后的下场自然是被自己的手下出卖。

历史是怎样评价吕布这样的人呢？吕布可谓打遍天下无敌手，为人却反复无常、狡诈、唯利是图。这样的人能力很强，可是谁敢用他呢？

可以说，谁用他谁倒霉。

对吕布本人来说，他的超强能力并没有给他带来高官厚禄，却被他消耗在了一次又一次的背叛之中。这样的人，对于朋友来说无异于一个定时炸弹，你说这样的人值钱吗？

当然，很多人会觉得那是历史故事，今天再也没有这样的人了。其实，这样的人从古至今一直都有。

在很多年前，我看中了一个青少年培训的项目。其实，我认识这个项目的创始人很多年了，可是因为做青少年培训并不是一件容易的事，所以在好几年里那个项目都是半死不活的。后来，我听说由于一个很厉害的年轻人加盟了这个公司，公司的业务迅速有了起色。

后来，他们想通过融资扩大市场，我就调研了一下这个项目。发现这个公司原来有五个股东，加上这个新来的年轻人，一共六个。他们的股份非常分散，这意味着责任也被分散了——就像谁都有责任，但是谁都不负责任，这是一个非常致命的结构。所以，我提议把更多的股份集中到有能力的人身上。如果能让这位年轻人有更大比例的股份，那这个企业就会有希望。其他五个股东也非常同意我的观点，愿意出让股份给这个年轻人。

这个项目看起来一切都准备就绪了，很遗憾，这位年轻人却出乎意料地说："我凭什么要购买你们的股份？你们原来一直做不好这个公司，如果我来经营，从今天开始要按能力重新分配。以前的事情我不管，现在就要按对公司的贡献大小重新分配股份，你们的股份要无偿给我51%。"

这个年轻人的这番话着实把我吓一跳。因为他只考虑到了自己，完全没有考虑别人的利益。这样的人不尊重别人对公司的贡献，再三考虑之下，我放弃了这个项目。同时，我也觉得这个公司不会有什么好结果。

果然，虽然其他几位股东最后还是被逼同意了他的要求，但是这个项目还是不了了之了。可以说，这个项目并不是死于经营不善，而是死于股东之间的纠纷。

通过这个事例，我想让大家知道，其实像吕布这样的人并不鲜见。他们看起来非常有能力，但是谁用他都是死路一条。也就是说，他在市场上是不值钱的。说到底，一个人究竟值不值钱，并不仅仅是由其能力决定的。

为什么有的人能力不出众也能赚大钱

如果是这样的话，一个人值不值钱到底跟什么有关呢？

我们经常会看到有这样一种人，他们的能力看起来并不强，很多人甚至会觉得他们笨拙，但他们反而拥有很多机会，很多人愿意用他们。比如，我非常欣赏的一位保险经纪人，按他的能力来说，他确实是一个很平凡的人。作为一位保险销售人员，他并没有像别人那样能说会道，也没有像别人那样会讨顾客开心，他只是一个老老实实的普通人。

可是我已经在他那里买了二十多年的保险，因为他是一个让我非常信任的人。一直以来，他都在踏踏实实地做保险工作，让我觉得非常放心。我是一个非常守时的人，每一次和他见面，这位保险经纪人都会比我早到。他答应过我的事情，几乎每一件都做到了。无疑，他是一个非常值得我信任的人。

正因为如此，我会介绍很多的顾客给他。十几年前，他只是一个很普通的业务员，但今天他已经是这个行业里非常重要的人物了，在广东省的金牌保险经纪人中能排到前十的位置。

作为保险经纪人，他的能力并不出众，那他是靠什么一步步地走到今天的呢？**他靠的并不是能力，而是另外一种说不清道不明的价值，这个价值叫作"可收藏价值"。**

所谓可收藏价值，就是随着时间的推移会自然而然提升的价值。生活中，可收藏的物品有很多，比如普洱茶、白酒、邮票、古董……这些东西都会随着时间的推移，价值变得越来越高。

我喜欢一些有年代感的家具，特别是红木。当然，我不是一个大富大贵的人，所以只购买了一些小件红木工艺品。我有个学员是做红木生意的，她一共有八家红木家具店。有一次，我在她店里和她聊天，她很自豪地跟我说："即使今年我什么事情都没干，就算一件家具都没卖出去，我也能赚到一个亿。"

我吓了一跳，问："为什么什么都不做，就能赚一个亿？"

她说："因为我的红木值钱。今年红木的价格相比去年来说升值了，以我八个店的存货来看，我能增值一个亿以上。"也就是说，这位学员的生意，即使不从顾客的身上赚钱，随着时间的推移，她的家具也会越来越值钱——这种红木家具就属于有"可收藏价值"的物品。

我们都知道，要找经验丰富的医生，特别是知名中医看病，他们的收费一般都会比普通的医生贵一些。与之类似，拥有多年经验和良好口碑的律师、会计师、老师……这些职业都会随着经验的增长越来越值钱，收取的报酬也会越来越高。

建立个人信用和口碑

　　具有可收藏价值的工作包含两个要点，**第一个是你不光赚取了工资，同时也能学到知识，你的能力会一天一天地提升**。当然，光有能力是不行的。在我前面讲过的案例中，比如说吕布很善战，但是他并不值钱，为什么呢？因为他缺乏第二个要点，**个人口碑，或者说是个人品牌**。一个人的价值是在与人相处中体现出来的，如果你的信用不好、口碑不好，或者你一直都在做损人不利己或者损人利己的事，你身边的人就很难给你机会了。

　　这样来看，一个人的信用，或者说个人品牌的建立，有时候比能力更重要。就像我那位保险经纪人，他看起来能力并不强，但是很多朋友愿意把保单交给他，其中一个很重要的原因就是他值得信赖。所以，个人品牌也可以算作能力的一部分。

　　当你不断提升自己的能力，同时建立个人品牌时，那你就拥有了可收藏价值。随着时间的推移，你就会获得更多的机会，也能创造出更大的价值。有了这样一种价值，你自然就会变得越来越值钱。

❖ 财富行动指南

1.评估一下自己是否具有可收藏价值。

2.评估一下自己能借到多少钱。

3.看看你借到的钱跟你所评估的价值是否相符？

所谓可收藏价值

就是随着时间的推移会

自然而然提升的价值

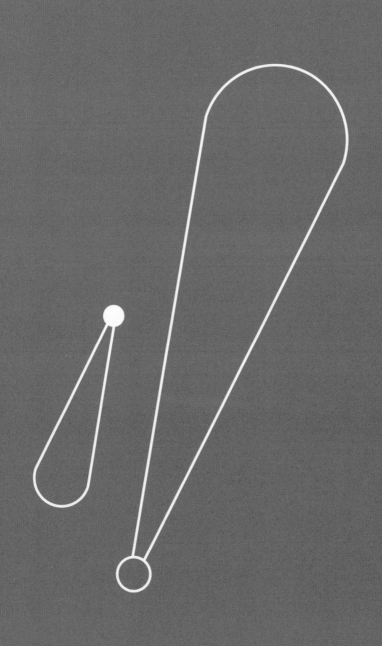

Chapter 19
拒绝"我不配"，释放值钱的潜能

在前面的内容中，我们讲到过值钱的两个含义，一是值得别人给你钱，二是值得拥有金钱。此前的内容中，我们讨论了如何才能值得别人给你钱。

从本章开始，我们来探讨如何让自己"值得拥有金钱"，也就是如何提升内在的"配得感"。

配得感是什么

"值得拥有金钱"涉及一个专业名词，叫作"配得感"。如果你没有配得感，那就算你拥有再多的财富，财富也可能离你而去。

所谓"配得感"，就是一种你值得拥有某种东西的主观感受。这个词比较抽象，通过以下这个事例，可以让大家更清楚地了解它。

大学的时光对于大多数人而言都是非常美好的。但对我而言，却是一段不堪回首的时光。因为这是我从乡下走向城市的一个转折点。其间我遇到了很多的困难，其中一个困难就是穷。我读大学时的生活费靠的是30元钱的奖学金和勤工俭学赚来的30元钱。用60元钱在城市过一个月，这对我来说简直太拮据了。

最近，网上有个话题争议非常大：一个大学生嫌父母一个月只给他2000元生活费。他抱怨父母为什么不能给4500元的生活费，因为其他同学每个月都有4500元。看到这样的新闻，我顿时觉得现在的学子真是太幸福了。

因为拮据，我当年吃饭的时候只能买四两米饭加一勺黄豆。虽然现在我的生活有了很大的改善，但是一提到黄豆，心里还是有不小的阴影。

我的大学同学里有一些有钱人家的孩子。当他们看到我的饭碗里只有一勺黄豆的时候，大多数人都会伸出援手。他们有时会买一碟排骨、鸡肉、烧鹅之类的好菜，端到我面前请我吃。如果现在有人请我吃饭的话，我会觉得是一件非常荣幸的事。可是当年，对于一个来自山村的孩子来说，同学买一些好菜请我吃，对我而言却是一种耻辱。

我感觉非常难受，所以为了避免这种尴尬，我会选择两个时间段去食堂：如果老师讲得不精彩，我就溜出课堂先去食堂吃饭；如果老师讲得很好，下课后我会编各种理由故意避开同学，比如要做作业、要问老师问题等，然后独自去食堂吃饭。

从这个简单的故事中可知，当别人请我吃东西的时候，我之所以不愿意接受，是因为我内心觉得自己不值得拥有这些。也就是说，我自己觉得不配得到这些东西，这种感觉就是"配得感"。

当一个人配得感不够的时候，他会逃避上天送给他的好东西，金钱就是其中的一种。所以一个人如果不提升配得感，就算他再有能力，或运气再好，也无法拥有财富，因为他的潜意识会驱使他躲开财富。

对自己价值的评价，决定了配得感的高低

　　为什么有人收到别人馈赠时会不好意思呢？为什么我们得到一些东西的时候会有内疚感呢？中国有句话叫"财多身子弱"，如果你的配得感很弱，你得到财富时心里就会不安，这份内疚和不安就会影响你的健康。

　　所以，一个人的配得感跟自我价值息息相关，自我价值就是自己对自身价值的一种主观评判。主观的评判是没有客观标准的，你认为自己值钱，你就值钱；你认为自己不值钱，那么你就一定不值钱。

　　这种对自己的评价源于哪里呢？最早来自你的父母，如果你的父母在你很小的时候就对你有很多的批评，那你对自己的评价也会很低。当一个人对自己的评价很低的时候，他就会认为自己不值得拥有那些好的东西。就像我当年觉得自己不值得拥有好吃的饭菜，不值得拥有好车、好房，都是因为对自己的评价太低。

　　当然，对自己的评价也不能完全归结于父母，因为人的成长是一个非常复杂的过程，影响自我价值的因素有很多。比如说，你读书的时候考试成绩很差，老师说你笨，你总是听到像"蠢材""笨蛋"这样的批

评，你就会慢慢地在潜意识里相信自己真是个蠢材，觉得自己真的不值得拥有好的东西。当这些批评慢慢地内化成你的一个部分，你就会变成一个自我价值很低的人。

一个自我价值很低的人有什么特点呢？

第一，当别人赞美你的时候，你会觉得不好意思。 因为你觉得对方赞美的不是你，觉得自己没有别人说的那么好。

第二，你很在意别人的评价。 一个自我价值高的人，别人骂他、批评他，他可以做到完全不在乎。因为他相信自己不是别人说的那样，他知道自己是一个什么样的人。所以，当别人说他蠢的时候，他会一笑置之，因为他知道自己并不蠢。这就是自我价值高的表现。

有些人之所以会那么在乎别人的评价，是因为他对自己的价值很模糊。比如，你花大价钱买了一件古董，但对于这件古董是真是假心里没底。这时，你就会十分在意别人的评价，特别是那些权威人士对这件古董的评价了。因为你只能依赖他们的评价，才能知道这件古董的价值。

人也一样，如果你对自己的价值不确定，别人的一句话就会影响到你的心情。别人说你很好，你很高兴；别人说你很笨，你就变得沮丧，你的"人生遥控器"好像交给了别人一样。

第三，自我攻击。 一个自我评价低的人总是会自我否定，即使别人没有否定你，你也会自己否定自己，总觉得自己做得不够好。自我攻击的程度严重的话，甚至会得抑郁症——抑郁症就是一种"向内攻击"的结果。抑郁症患者的内心总是有一个声音在批评自己，说自己不够好，不值得拥有很多东西，做的事情都很烂，等等。当一个人轻度自我攻击时，会让自己变得越来越好；但重度的自我攻击却会让整个人陷入一种病态。很多抑郁症患者甚至因此而放弃生命，一个重要的原因就是自我价值感低。

重新定义自我，改写人生剧本

　　如果你是一个自我价值感很低的人，该怎么办呢？该如何疗愈自己呢？

　　如果你的父母还健在的话，我想请你跟你的父母聊一聊，问他们一个问题："爸爸妈妈，在我的印象中，小时候你们总是觉得我这儿不够好那儿不够好，在你们的心目中，我真的那么差劲吗？"

　　当你从一个成人的角度跟你的父母聊天时，大多数情况下，你的父母会告诉你一个真相：他们当年之所以那样说，只是为了让你变得更好。其实，在父母的心目中，你一直是一个非常棒的孩子，他们都爱你。挑你的毛病，出发点是为了让你变得更好。因为在他们眼中，你并没有完全发挥自己的潜能。所以，并不是你不够好，而是你还有很多优点没有表现出来。

　　当你用一种坦诚的心态跟父母对话，你会得到父母对你的一个新的评价；如果你能从与父母的对话中知道这个真相，那你的自我价值会大大地提升。

　　如果你的父母已经不在了，或者你的父母就是很挑剔，请你做另外一种功课——完形心理学中的**"空椅疗法"**。

首先，请你保证有一个不被旁人打扰的安全空间，否则你可能放不开。

然后，面对面地摆两张椅子，一张自己坐，想象你的父亲或者母亲就坐在你前面这张椅子上，你来跟对方做一个对话。把你对父母的抱怨全部说出来。

请你闭上眼睛，想象一下，你的父母就坐在你前面这张椅子上。

你可以问："爸爸 / 妈妈，为什么你当年对我有那么多的抱怨和批评，总是觉得我一无是处，在你眼里我好像总是不够好。难道我真的不够好吗？难道我真的像你说的那么差劲吗？"

之所以这样做，是创造一个安全的环境，让潜意识有一个表达的机会，能够完全释放你的情绪，把你此前受到的委屈、不满统统说出来，完完全全地让情绪得以流露。

当你把所有的情绪、不满、期待全都诉说完毕，请轻轻地站起来，坐到前面那张空椅子上，想象父母的感受——感受他们的思维模式，想象在那个物质匮乏的年代，他们的价值观是怎样的，还要考虑他们所受的教育程度。

你要尽可能地"成为"他们，然后用你的内视觉看着你面前的这张椅子，也就是你刚才坐过的位置，从父母的角度来回应刚才你对他们的抱怨。

当你这样做的时候，你就能重新从父母的角度，看见当年他们为什么会给你差评。当年，父母批评你也许并不是不爱你，你并不是真的那么差，他们只是希望你变得更好。站在父母的角度，你会看到很多你原来看不到的真相，当你能看到这个真相时，你就能重塑父母对你的真实评价。

然后，请你从父母的角度重新给自己一个新的评价，告诉自己："我很爱你，你很棒，在我心目中你一直是一个很棒的孩子。虽然你有些地方做得不如人意，但是妈妈／爸爸依然爱你。"当你愿意从这个角度去回答自己的问题时，你会发现，真相原来不是你曾经想的那样。

上面这两个方法，就是本章的课后功课。

配得感是增加财富的关键因素，除了上面这个功课，还有第二个功课：现在，请你闭上眼睛，想象你的父母站在你的面前，想想你正看着父母的眼睛，对他们说："爸爸妈妈，我今天过得比你们好。"当你说完这句话的时候，停一停，感受一下你内心的感受。

如果你是心安的，到此为止就可以了，因为你已经拥有了那份配得感。如果你内心有一种愧疚感，又或者内心感到不安的话，那你就需要处理一下这种感觉，尽快疗愈自己。

心理学专家研究发现，一个孩子如果在童年目睹父母生活的艰辛，出于对父母的忠诚，他会不好意思，也不敢过得比父母好。那该怎么办呢？不用担心，只要你愿意，一切都可以疗愈。

请你跟着我，在内心默默地念下面这段话：

爸爸妈妈：

我知道你们当年生活不容易，因为你们生活在一个资源匮乏的年代，你们有很多无能为力的地方。为了让我过上好的生活，你们付出了很多，对此我十分感激。

我知道，在你们心目中，我总是不够好。但我知道，你们的正面动机是希望我变得更好。就算是今天，我依然还有很多不够好的地方，但我同时也有很多优点，并且我是独一无二的，我是有价值的，我属于这里，而且我相信我会越来越好。

我今天生活得比你们好，其中有你们努力的结果。同时，我所处的时代也不一样了，我比你们幸运，我赶上了一个好时代；更重要的是，我有你们这么好的父母，所以我今天才能生活得比你们好。

同时，我也知道，我生活得好，也是你们的愿望。我生活得更好，你们才会放心、安心。所以，我决定让我的生活过得越来越好，让你们以我为荣，以此来报答你们的养育之恩。

无论如何，就凭我的生命来自你们，我也要感谢你们！

当你说完这番话，深深地吸一口气。当你确认你值得拥有更好的生活时，你可以慢慢睁开眼睛。

美国心理学家萨提亚曾说过：一切没有疗愈的，都会传递给你的孩子。你今天之所以配得感不足，很可能是因为你父母也是这样。如果你不疗愈它，这些创伤依然会传给你的孩子。所以，不仅仅为了自己，同时也为了你所爱的人和爱你的人，你都需要去做这些练习。

除了上面几个练习外，我还设计了一个专门提升配得感的心智修炼，供大家练习。只要你扫描下面的二维码，关注我的公众号"团长说心理"，发送"财富心智修炼"六个字便可以获得一个心智修炼引导音频。

通过这些练习，你会慢慢地提升自己的配得感。

为了获得金钱，人们都会去努力，但对于大多数人来说，努力是没有结果的。就像一个演员不管多么努力都改变不了自己的命运——因为他必须要按剧本演。只有剧本改变了，主角的命运才会改变。

我们的人生也像电影一样，只有改变了剧本，才能改写我们的人生。自我价值，就是人生剧本的核心，只有重新定义自我，你才能成为一个高配得感的值钱的人。

财富行动指南

1.如果父母健在且通情达理，请与父母对话。

2.如果不具备上述条件，或者自己勇气不足，用"空椅疗法"与父母对话。

3.经常用我的财富心智修炼来练习。

一个人如果不提升配得感

就算他再有能力或运气再好

也无法拥有财富

因为他的潜意识会驱使他

躲开财富

Chapter 20
成为大富之人，先要心中有爱

在值钱篇，我们用了四章内容跟大家聊了值钱的人需要有让钱生钱的能力：发挥你的天赋，你会更值钱；做有收藏价值的事，会让自己越来越值钱；疗愈原生家庭的创伤，提升配得感，让自己由内而外地值钱。

本章中，我们将进一步就提升配得感这一问题展开讨论。

中国有句古话："小富由勤，大富由天。"那么，这个"天"会让什么样的人获得财富呢？

为什么有些人会被财富追

　　在这里，我想分享两个小故事，希望这两个小故事能让你更清楚怎样成为一个值钱的人。

　　第一个故事是关于我最尊敬的一位大师南怀瑾先生的。南老先生去世之后，他的学生这样形容老师："身无分文，富可敌国。官无半职，权倾天下。"从这副对联中，我们便可以知道，虽然南怀瑾先生没有多少钱，但是当他真正要用钱的时候，钱会自动来到他的身边。

　　1992年，南怀瑾先生想建设一条从老家温州到金华的铁路，全长251公里。这条铁路对于家乡的建设是非常重要的。南老先生想为家乡做点贡献，可他是一个身无分文的人。但当他说出自己想建这样一条铁路时，钱就从四面八方来了——他的学生以及各方力量一共募集了近4亿元善款。到了1998年，这条全长251公里的铁路就修建好了。

　　从这个案例中，我们知道了：**一个人口袋里不一定有钱，但是当他真正需要钱的时候，钱就会自动来到他身边。我们把这种人叫作"值大**

钱的人"。

当然，像南怀瑾先生这样的人可以说是凤毛麟角。很多人会说，自己只是一个普通人。但是，我们要知道，那些伟人在成为伟人之前也都是普普通通的人。

那么，对于普通人来说，如何成为值钱的人呢？

2009年，在一次饭局上我认识了一位年轻的心理学者黄伟强，当时他只是一个普通的员工。我清楚地记得在聊到心理行业的发展时，他跟我说："你们这些做心理的总想帮助别人，可是自己却活得苦哈哈的。一个自己都没活好的人，如何去帮助别人？"

他这番话说得很到位，直戳我们的软肋。他说，自己希望能用互联网搭建一个心理平台，让心理咨询师能在这个平台上找到自己的客户，他想通过互联网来帮助心理咨询师赚更多的钱。只有心理从业人员过上好的生活，才能吸引更多人才加入心理行业，这样才能真正地推动心理行业的发展。

这一番话深深地打动了我，我被他的情怀所感动。虽然当时的他身无分文，可是我用了差不多两年的时间来说服他创办这样一个平台。所不同的是，我是拿着钱投资他，让他来创造这么一个平台帮助更多的人。两年之后，我们终于开始合作，于是便有了今天的"壹心理"。

值大钱的人有什么特别的地方

　　有些人辛辛苦苦地去追逐金钱，终其一生却贫困潦倒。但另外一些人却被金钱追着，好像他们是"天选之子"一样。那么，这些看似被老天眷顾的人都有哪些特点呢？

　　记得在一次课程中，我给一位四十多岁的姓庄的同学做关于金钱方面的个案，他告诉我："我做生意经常失败，有时候辛辛苦苦挣来的钱会一下子付诸东流。我也换过不少行业，一开始都挺好的，但最后都不成功。所以，我想知道，在挣钱方面，我的观念和模式哪里出了问题？"

　　我问他："如果你真的变得有钱了，你想做什么？"

　　说明一下，我是想通过这个问题来探索他的思维模式，这种问法能让他在潜意识层面降低对我的抗拒。

　　他说："当然买很多很多东西呀！"

　　我继续问他："还有呢？"

　　我想了解他关于钱的观念，因为一个人的处事模式是由观念组成的。

　　他说："有了钱之后，我就自由啦！我可以吃好的、穿好的、住好的、还可以周游世界呀！"

我想了解他更深层的潜意识。于是，我继续问他："请你闭上眼睛想象一下，假设你已经拥有了过亿的资产，你会用这笔钱去做什么呢？"

他的答案是："我会选一个风景秀丽的地方买一个庄园，应该有好几百亩吧。要有别墅、泳池、农场，很多人可以去那里玩。"随着我的提问，这个神秘而豪华的庄园梦就此揭开了面纱。

然后我问他："那些来你庄园玩的人，他们看你的眼神是什么呢？"

他说："当然是惊叹，甚至有些人会嫉妒我。"

我说："那当夜深人静的时候呢？当他们离开之后呢？"

我问这个问题的时候，他沉默了一会儿说："晚上的时候，我一个人在房间里有点儿孤单，这房子有点儿空。他们都走了，我有点儿寂寞。"

我轻轻地问他："你已经拥有了你想拥有的一切，你为什么还会感到孤单呢？庄先生，好好感受一下这份孤独感。聆听它在跟你说什么，你真正想要的到底是什么呢？"

他说："家人的陪伴、朋友的支持，还有爱。我想拥有一些真正的朋友，得到他们发自内心的赞叹。"

我问他："当你拥有了一个亿，拥有了庄园，拥有了奢华的生活之后，你就真的得到朋友们的赞叹了吗？"

"不一定！"他喃喃地说。

这才是关键，接下来，我问了一个对他来说极其重要的问题："你凭什么得到他们对你的赞叹呢？仅仅是因为你拥有了庄园和财富吗？"

他久久说不出话来。

当他拥有亿万资产之后，他只想到自己过声色犬马的生活，只想到自己一个人过上富足的生活，这样的人值得别人赞叹他吗？这样的人值得别人支持他吗？这样的人值得别人做他的朋友吗？这样的人真的值得拥有金钱吗？如果你是一个有钱人，你会把钱投在他身上吗？

故事讲到这里，庄同学还没明白自己为什么赚不到钱。

为什么像南怀瑾、黄伟强这样的人，大家愿意把钱交给他们呢？对比这个故事，我相信大家都有自己的答案。

南怀瑾先生筹建金温铁路，为的是方便大众；黄伟强创建"壹心理"，心怀的是整个行业。而庄先生渴望拥有金钱，仅仅是为了满足自己的一己私欲。这样的人，还有人愿意把钱交给他吗？

我用"位置感知法"请他站起来，走到另外一个位置。我用手指着他刚才坐的地方说："那里有位庄先生，他拥有了亿万资产，坐拥豪宅，夜夜笙歌。你是他的朋友，你愿意支持、欣赏或者是陪伴他吗？"

他说："不会，他刚才谈的每一句话都没有想到朋友，他只想到他自己，他很自私。这样的人不配得到我的赞赏，不配得到我的支持，我也不会跟这种人做真正的朋友。"

我说："那你觉得他需要怎样改变，才能变成有钱人，才能得到朋友的赞赏呢？"

现在，再回到我们开始时提到的问题——"当你拥有了足够的金钱之后，你最想做什么呢？这个问题的答案，可以测试你的未来是否可以成为有钱人。"你的答案是什么呢？是像庄同学一样只想到了自己，还是像南怀瑾那样心怀大众？

一个人只有得到朋友、客户和社会的支持，才会拥有更多的钱。正所谓"我为人人，人人为我"，当一个人心中有爱，目中有人的时候，钱才会来找他，这样的人才是值大钱的人。

所以，此刻你可以问自己一个问题："当我只想到自己过奢华的生活时，我真的能拥有钱吗？谁会把钱给我这样的人？"

一个值钱的人大概拥有三个特点：第一，能够让钱生钱；第二，能让钱发挥出更大的价值，为人类、为社会创造更多的价值；第三，拥有对金钱的配得感。

当你能够做到这三点，财富就会自动来找你。

🗨 财富行动指南

1.为自己许一个宏愿，问自己："当我有钱了，我怎样做才能让钱为社会创造更大的价值？"

2.花钱的时候，想一想，怎样花手上的钱，才能创造出最大的社会价值。

当一个人心中有爱、

目中有人

钱才会来找他

这样的人才是值大钱的人

行动篇
如何知行合一
地创造财富

Chapter 21
知识容易忘，但能力不会

从本章开始，我们将进入行动篇。

回顾之前的内容，在理念篇，我们用了三章内容和大家探讨了关于钱的基本规律；在挣钱篇，用了六章内容让大家知道如何靠自己的能力来赚取第一桶金；到了赚钱篇，我们用了六章内容让大家学会如何让自己轻松、高效地获得更多的财富；在值钱篇，我们用了五章内容让大家知道如何让自己变得更加值钱，让钱主动来找你。

通过前面的二十章内容，我相信，你已经知道了很多关于金钱的道理。那么，从这一章开始，我们要把这些知识变成真正的财富。

为什么明白那么多道理，却活不好这一生

我从事培训工作23年了，经常会被人问这样一个问题："老师，我以前听的内容很快就忘掉了，怎么办？"

我经常跟我的学生说："你们来听我的课，千万不要记笔记，因为记笔记是没有用的。来我这里学习，重要的不是记住多少知识，而是获得了多少能给你带来帮助的能力。"

我一直都在强调一个观点：我不是专家，我是"用家"。专家跟"用家"的区别在于：专家拥有很多知识，而"用家"则是把知识通过行动变成能力。

那什么叫知识、什么叫能力呢？在这里，我想通过分享一个学员的经历让大家更好地理解：

在我的导师团里有这样的一位学员，他每次上课都很认真地记笔记。他把笔记一本一本地发到社群里分享，写得比我讲的还详细。可是，这位学员上课有个特点，他从来没有做过练习，我布置的每一个练习他都没有做。据说，他自己的课也讲得很好，因为他把我讲的内容都掌握了。

但是，很遗憾，这位同学在课堂上从来不做个案示范，因为他不会做个案示范。也就是说，他讲得头头是道，但要真正帮助某些人度过生命中的难关，或者要真正帮助学员改变自己时，他便会束手无策。

这样的人最多只能称为"讲师"，而不能被称为"导师"。因为他知道的仅仅是知识，却没有帮助学员改变人生的能力。如果这位同学在一段时间内不讲课，我想，他很快就会忘掉那些知识。

但是，人生中总有一些东西是忘不掉的，比如说骑自行车。如果你小时候会骑自行车，那么你现在也一定会骑自行车。就算你已经有20年没骑自行车了，现在只要推上一辆自行车，你依然能熟练地骑走。

骑马也是一样。去年，我带孩子去新疆玩。行程中，我们去了一个叫仙女湖的地方。但是，仙女湖在山顶上，没有车能上去，最快的方式只有骑马。

当听到需要骑马的时候，我问自己："你还会骑马吗？"

其实，我以前学过一点马术，因为我家附近有一个马场，当时我是那个马场的会员。彼时，我已经有十多年没骑过马了，对自己的技术有点怀疑。可是，当我一上到马背的时候，很快就适应了马背上的颠簸，顺利地骑马登顶。

这时候，我才知道，原来自己骑马的能力从来没有失去，只要我一骑到马背上，我以前训练过的方法都会自动发挥出来，这就是一种内化于心、内化于肌肉记忆的能力。

能力和知识是完全不一样的，知识仅仅是记录在大脑里的信息，一段时间之后就会忘记。但是，一旦你掌握了某种能力，你一辈子都不会忘记，因为这种能力已经储存在你身体每一个细胞里。

要把学到的知识变成能力

那如何才能把知识变成能力呢？在这里，我想跟大家分享一个很有趣的小故事。通过这个故事，你就会明白，为什么很多人知道了那么多道理，却仍然过不好这一生。

有一只乌鸦觉得自己的羽毛黑漆漆的，很难看。它非常羡慕孔雀，很想变得和孔雀一样五彩斑斓。于是，它想到一个方法，它到孔雀出没的地方把孔雀掉到地上的羽毛一根一根地捡起来，然后插到自己的身上。很快，它就变成了一只和孔雀一样漂亮的鸟了。它非常得意，觉得自己不再是乌鸦了。于是，它走到孔雀群里跟孔雀一起生活。但是，很快它的"真面目"就被其他孔雀发现了。孔雀们把它身上那些捡来的羽毛一根一根拔下来，并把它赶出了孔雀群。

这只乌鸦被赶走之后，又回到自己的同类那里去。它的同类取笑它说："你不是孔雀吗？来我们这里做什么？"可怜的乌鸦在孔雀群里待不下去，在乌鸦群里也无立足之地，只好躲在某一个角落里过完了孤独的一生。而为了证明自己生而不凡，在面对其他鸟类时，它总会骄傲地宣称：自己是"神鸟"。

　　这个故事是不是有似曾相识的感觉？在现实生活里你是否见过这样的人：他们学了一两个课程后，自以为满腹学识，便不愿意再跟原来所属群体的人相处了。但是，他跟那些真正有水平的人也相处不来，最后只能独来独往。当然他们还美其名曰："我就喜欢独处，我不喜欢跟其他人生活。"其实，这仅仅是对无奈处境的一种合理化解释而已。

　　如果你仅仅是看书，就像那只插上了很多漂亮羽毛的乌鸦一样。那些死记硬背得来的知识其实并不是你的。我跟你讲了关于财富的很多知识，你懂了很多关于财富的道理，但是如果你不完成我留给你的功课，那这些方法对你毫无用处。因为这些知识就像插在你身上的炫丽羽毛一样，除了满足你的虚荣心外，对你并无实际用处。

　　那怎样才能有用呢？唯一的办法就是发自内心地"长出真正的、漂亮的羽毛"。

　　看完这个故事，也许你心中会有一种刺痛感。我希望通过这种刺痛来帮助你改变。如果不痛，一个人是不会改变的。

知行合一才能创造财富

心学大师王阳明有一个观点，叫"知行合一"。也就是说，知和行是一体的。他还有一个观点是："知而不行，只因未知"，意思是如果你知道了而不去行动，其实还是一种无知。

从心理学的角度来说，知识有不同的层次，一个是大脑浅层次的认知，一个是深层的、潜意识的认知。如果有人告诉你苹果是甜的，你就知道苹果是甜的——这是大脑意识层面的认知，也是最浅表层面的认知。

但当你真正吃过苹果后，你身体的每一个细胞都感受过苹果的味道时，这才是深层的、内化于潜意识的认知。如果你喜欢这种味道，你不需要任何人推动你，自然会产生想吃苹果的这种行为，那这就叫"知行合一"。

所以，要想改变自己，仅仅具备浅层的认知是没有用的，我们必须要促进潜意识层面的认知。

再举一个简单的例子，当别人告诉你运动有利于健康的时候，你的大脑是知道的，这种知道叫作浅层次的知道；但是你的内心也许还有一个声音——"为什么乌龟一动不动会活千年呢？"**当你内心的这个声音跟大脑中的声音产生排斥的时候，这个声音就进不到你的内在。**于是，即使你知道运动有利于健康，你也不会去运动。因为你并不知道你的内心深处还有一个声音，叫作"乌龟一动不动能活千年"——这个潜意识的声音，才是真正推动你行动的那个声音。

那怎样才能把"乌龟一动不动活千年"的声音变成"运动有利于健康"的潜意识声音呢？很简单，只有当你在运动的过程中，享受过运动给你带来的好处，你感受到自己的身体越来越轻松、越来越有活力了，并能从运动中得到某种成就感或快感，那么，这个声音就能完全覆盖原来那个深层的声音。

也就是说，**当你体验过了，你的深层潜意识才能真正地知道；当你的深层潜意识知道了，你才会将其变成行动。**

这就是王阳明所说的"知行合一"——不仅大脑潜意识知道，内心深层的潜意识也知道。

怎么区分这两种知道呢？很简单，**如果仅仅是大脑知道的人，他会问"怎么办"。一个只会问"怎么办"的人，他并不是真正知道。**

我经常会举这样一个例子。如果你问我怎样才能走出这个房子，我告诉你那里有一扇门，你就会从那扇门里走出去，因为你曾经经过无数道门。门，对你并不仅仅是知识。

然而，假设有一个人从来没有穿过门，也从来不知道门是什么，他被因在一个房子里面。此时，我告诉他："那里有门，你可以从门里走出去。"他就会问我："我知道那里有门，可是我怎样才能从门里走出去呢？"

我相信，没有人会问这么愚蠢的问题，因为没有人是没有走过门的。

但在生活里却有太多类似的问题，只是一般人听不出其中的无知罢了。

比如：

你告诉一个人学习可以改变命运，他会问你："我知道啊，然后怎么改变呢？"

你告诉一个人运动有利于健康，他会问你："我知道啊，可是我怎样才能做到？"

你告诉一个人改变思想可以改变世界，他会问你："我知道啊，可是怎么改？"

一个知道了门在哪里，依然会问怎样才能打开门走出去的人，一定是没有打开门走出去经验的人。同样，一个会问你怎么做的人，一定是还没有做过某种尝试的人。面对这样的人你该怎么办？**唯一的方法就是行动！**

只有当你在尝试的过程中体会到行动带给你的成就感和快感时，你才不会问我该怎么做。如果你还问这句话，说明你根本就没有真正明白这些道理。你知道的仅仅是一种浅层次的知道，就像别人告诉你苹果是甜的一样——只有你亲口尝过苹果，你才真正知道苹果的甜是一种怎样的味道。

财富也是一样。如果我告诉你做某件事情，一周之内你能赚到1万元。你不会行动，因为你并不相信。如果你真的尝试过一次，真的赚了1万元，你就不会再问该怎么办了，因为这时候你已经在行动了——这就是"知行合一"。

想要做到真正的知行合一，唯一的方法就是行动。

"实践是检验真理的唯一标准"，观念决定行动，行动才能创造结果。

当你真正要改变内在的观念时，每当你听到一个新的观点，你必须要通过你的行动亲自去印证它。

想要切实地改变观念，并不是仅仅知道道理，还要亲自去落实它。对于一般人来说，我们需要的是通过有意识地体验一些东西，进而把知识变成行动。如果你不把知识变成行动，即使你懂得再多，你还是原来的那个你，谁都帮不上你。

🔖 财富行动指南

1.回顾前20章内容，将财富行动指南认真梳理一遍。只有做过了，你才能真正把知识变成能力，才能创造出真正属于自己的成果。

2.如果你想变成有钱人，并不是坐在家里想一想，天上就能掉馅饼。只有通过实践，才能创造出更多的财富。

想要做到真正的知行合一

唯一的方法就是行动

Chapter 22
改变命运的关键：情绪与觉知

要知道一个苹果的味道，唯一的方法就是去咬一口。听别人说苹果是甜的，那不是"真知"。只有自己咬一口，体验到苹果是甜的，才是真知。

可是，有些人连咬一口苹果的劲儿都提不起来，该怎么办呢？如何才能把有用的知识变成行动，让行动为我们创造财富呢？

改变的原动力在哪里

为什么有的人能够轻易就采取行动改变，而有的人却迟迟迈不出第一步？

我曾经做过一个个案，来访者是一位女士。这位女士是一位中年企业家，她的事业相当成功。但是，很不幸，她有一个非常懒惰的丈夫。他在家里什么事情都不干，整天只顾着打游戏、上网聊天、打扑克、打麻将……

她的先生是一家大型集团公司的中层管理人员，她总觉得先生不求上进，因为单位的工作相当轻松，但是他在业余时间既不看书，也不上课学习。这位女士非常生气，她很想改变他，让他像自己一样愿意学习，变成一个好学上进的人。

通常，这样的个案我是不接的。因为她一开始就告诉我，她来做咨询的目的不是改变自己，而是改变她的先生。当事人不是她自己，我就算再有能力也无法做到"隔山打牛"。但是，既然她来找我了，我还是大概了解了一下情况。通过交流，我才知道，这位女士真的非常成功，她拥有自己的企业，做事也非常主动。当然，她不光事业成功，家里也打理得井井有条。在这样一个家庭里，她的先生在家里也没有什么事情好干的，就只能做一些自己喜欢的事情。

我想，你从旁观者的角度已经看出了一些端倪——妻子里里外外都打理得很好，那先生就没什么事可以做了，处于一个很安逸的状态。但是，从妻子的角度来看，她希望先生能有所改变。多年来，她用各种手段逼着先生成长，但是毫无效果。

为什么这位先生被妻子逼迫了这么多年都不愿意改变？也许是因为自身工作顺遂，没有职场压力、中年危机；也许是因为妻子优秀、家庭温馨，内在安全感富足。总之在外人眼里，这位女士的先生实实在在没有改变的迫切性。

接下来，我再给大家分享一个不用逼自己主动改变的故事。

一天晚上，我和几个好朋友在吃饭的时候喝了点儿酒。借着酒劲儿，其中一位朋友跟我说："团长，说实在的，在十几年前我刚认识你的时候，我真看不上你。因为那个时候的你虽然出来讲课了，但水平真的很一般。但是今天，你真的让我刮目相看！"

他接着说："团长，我其实很佩服你，因为你每一年都在进步。"

的确，这个朋友说的话并不夸张，因为前半生我一直都在不断地学习。我经常说，我是一个终身学习者。所以，经常会听到朋友们对我说："团长，你变了。"是的，我变了，因为我是一个主动改变自己的人。

为什么我能不断地改变呢？这背后有一段让人心酸的故事。

我是我们村第一个考上大学的人。这本来是一件很值得高兴的事，但是当我拿到录取通知书的时候，我的父亲哭了。在我的印象中，父亲一直是一个非常乐观的人，我这辈子只看到他流过一次眼泪，就是在我拿到大学录取通知书之后。他在一个角落里一边抽着烟，一边流泪。

因为当时家里非常穷，父亲没有钱供我读大学。他问遍了村里稍微有点儿钱的人，想借钱筹集我的学费和生活费。可惜的是，他处处碰壁，只能在家里难过地落泪。当时，我也非常难过。从那一刻开始，我发誓一定要改变这种贫穷落后的状况。

每当想起父亲流泪的画面，我的内心都会有一种力量，这种力量始终作为一种深层的动力激励着我。我不想让我的父亲继续过这种艰难的生活，我也不想让自己的孩子在有机会接受好的教育时，像父亲那样窘迫、无能为力。

这就是我内心的最大动力，它一直存在于我的前半生中。所以，我的行动力一直都非常强。

如何才能让人生出现转折

　　然而，有些人被人逼着行动，可就算一开始去做了，也不会持久。我们看到很多的孩子大学毕业之后一直在"啃老"，过着不思进取的日子。可是，另一些人却不断拼搏，冲破一个又一个人生难关。这里究竟有什么规律和秘密呢？

　　心理学专家研究发现，人生出现转折的情况有三种，即人在这三种情况下最容易发生改变：

　　第一种是天灾人祸，比如经历过地震、车祸或者大病等。

　　发生这些意外之后，人的观念往往会发生很大的改变。李开复先生在前几年很不幸得了癌症。他在得病之前就是一个非常热爱工作的人，多年来，他一直把大部分时间都放在工作上。当然，他内心也知道要多花点时间陪伴家人，可就是做不到。

　　直到一场大病来袭，和死神交手之后，他的人生观才发生了重大改变。

　　第二种情况叫作福从天降。

　　比如有些人懒散惯了，但有一天妻子生下了一个大胖小子，这个人开始有了一种家庭责任感。然后，他就会勤奋工作，渴望给家人带来更好的生活。

这样的事情还有很多，比如说一个人娶了一个好老婆，或嫁了个好老公，甚至是中了大奖，这些福从天降的事情也会改写一个人的人生。

第三种情况是，你遇到了一个能指点你未来的人，我把这种情况叫作良师点悟。

我的前半生之所以能不断改变，其中一个原因就是我得到过很多良师的点拨。从事心理学教育二十多年来，我学习了数不清的课程，被各种流派的大师教导。有一些大师的教导让我痛哭流涕，甚至痛不欲生，但过后我都觉得自己收获了很多。

当然，名师点悟的方法有千万种，但我发现其中一种很有效的方法就是"看见"。

看见，或者叫"觉察"。传统的觉察并不容易做到，虽然大多数人都听过"觉察"这个词，但并不是每个人都知道如何运用觉察来提升自己。所以，我想从另一个角度把这个方法变得简单易行。

比如，一个人的头发乱了，如果你告诉他："你的头发很丑，需要改变。"

他一定会跟你说："你才丑呢，我就喜欢这样的发型，怎么着？"

为什么会这样呢？因为每一个人都想证明自己是对的，没有人愿意承认自己是错的，除了那些觉悟者。所以，人往往不愿意被别人要求改变。

那怎么让那个头发乱糟糟的人主动改变自己？很简单，你只需要拿一面镜子给他看看。当他看到自己凌乱的头发时，自然会去整理自己的头发——这就是"看见"的力量。

请你想象这样一个场景：一个人不小心坐在了沙发上，没看见沙发上有一把锋利的水果刀，结果被刺伤了，鲜血直流。于是，他便把所有的气都撒在这把刀上，把刀扔到垃圾桶还不解恨，还痛骂了这把刀半个小时。

当你听我讲这个故事时，是不是觉得这个人很荒唐？其实，这个人就是你我；那把水果刀就是我们的习惯，心理学专家把它称为"模式"。

水果刀之所以会伤害到你，并不是刀的错，这把刀曾经无数次帮助过你，你却把它扔掉，而且还痛骂它，你站在刀的立场感受一下，是不是很冤枉？

生活中的习惯模式也一样。你之所以会形成这样的模式，一定是在过去的人生中这些模式曾经帮助过你，就像那把帮助过你的水果刀。也就是说，那些你不喜欢的、想改变的模式，曾经对你是有用的。既然是有用的，你不感谢它，还跟它对抗，岂不是一件十分愚蠢的事情吗？

如何才能改变呢？如何才能不受这些过去的模式限制呢？如何才能换一种活法，过上富足的生活呢？

就像如何才能避免被水果刀伤害一样，只要你能看见它，你就会选择把它从沙发上拿起来，放到安全的位置。这样，当你下次需要使用的时候，它仍然可以帮助你。这就是心理学中的"觉察"，也就是我所提过的"看见"。当你能够看见，你就可以重新选择，这样你就自由了。

就算是真有一些所谓"不好"的模式，既然你能看见它，自然就能觉察它、回避它。

所以，唯有内在的觉知，才能令人做出改变。改变，其实是看见之后的重新选择。

鸡蛋由内而外被打破是生命，由外而内被打破是食物。人生的改变来自主动的选择，而不是被动地接受。

所以，由内而外的改变，才是真正的改变；由外而内的改变往往是被迫的，这样的改变往往是一种死气沉沉的改变，或者是摧毁性的改变。

改变人生的秘密

前文三种改变中，前两种都有一个共同的规律：**高强度的情绪参与。**

心理学专家研究发现，一个人观念的形成，一般都会伴随着高强度的情绪。这些情绪会把观念牢牢地"包裹"住。所以，我们想要改变某种观念，就必须释放自己的情绪。当情绪得到释放之后，观念才会发生"松动"。

很多心理治疗流派在改变一个人的时候，总是通过共情的手法，让咨询者释放情绪。当咨询者释放了情绪之后，他的观念就开始松动了。这个时候，心理咨询师才能够进入他的潜意识，改变就变得易如反掌了。

而第三种改变的关键是看见，要真正做到改变，要满足两个条件：

第一，释放情绪。

第二，让当事人看见自己的模式，然后重新选择。

有句话叫"痛改前非"，意思是痛够了，你才会改变。就像我一想到父亲的心酸，就下定决心要努力一样。所以，如果你今天还不愿意改变，那很可能是过往的经历并没有让你感到痛苦。

只有你内心的痛苦被触动了，你释放了某个高度的情绪，你才会真正地改变。

这里，我要介绍一个具体的方法。这个方法很简单——找一个夜深人静的夜晚哭一场，想想那些跟钱有关的记忆中出现的种种困难。

当然，人都是有惰性的，轻易不愿意去感受痛苦。所以，一旦碰到痛苦，大多数时候都想着逃避，通过酒精或者其他东西麻醉自己。因此，请你有意识地做这个练习。在夜深人静的时候，给自己一个碰触痛苦的机会。让那些和钱有关的痛苦经历，像放电影一样在脑海里一幕一幕地展现，允许泪水洗刷你的记忆，将深藏内心的情绪都释放出来。

当你的情绪得到了释放之后，你可以问问自己："是什么样的想法导致了我人生的苦难？"这时候，你就能看见自己内心的想法，如果你能看见过去的那个想法是多么的愚蠢，你就会换一个想法，也就是建立一个新的观念。

看见，才能重新选择！在情绪得到释放之后，这个新的观念就会根植在你深层的潜意识，指导你的行动，进而改变你的一生。

一个人如果不愿意接受痛苦，就会找很多理由来安慰自己，这其实是一个自我欺骗的过程。而当你让自己尽情地哭一场的时候，就能看见内在真正的自己。

当你能看见了，你就无须证明你是对的，你可以随意重新选择。当你能够真正释放自己的情绪，重新选择就是一个顺其自然的事情。当然如果你无法让情绪得到释放，所谓的重新选择很可能是一种自我欺骗式的"合理化"。

勇敢地去接触那些痛苦，当你能真正接受那些痛苦时，你就会看见很多原来你看不见的东西。当你真正痛了，你一定会有全新的动力，一定会让你的人生有一个非常大的变化。当然，如果你愿意找一位受过训练的专业心理咨询师来帮助自己，你的改变会更加彻底。

有句话是"如果不是曾经的匮乏，又何必让自己才华横溢呢？"事情往往是有两面性的，就好像只有蹲下来，你才可以跳得更高。同样，只有经历过痛苦，你才能深深地体会到幸福的味道。如果你暂时无法获得幸福，无法拥有富足的生活，我希望你能充分地去感受你的痛苦。如果你愿意真真切切地感受你的痛苦，相信这些痛苦就会变成你未来的财富。

🍥 财富行动指南

1.找一个私密的空间，选一个夜深人静的夜晚，回忆种种跟钱有关的人生苦难，让自己痛哭一场。

2.释放情绪后，觉察情绪下面的观念，是什么观念导致种种人生苦难。看见后，你才能重新选择。

3.建立新的观念。

唯有内在的觉知

才有令人做出改变

改变是看见之后的重新选择

Chapter 23
拆掉阻挡财富的墙

　　王阳明说："知而不行，只因未知。"如果我们知道了有关财富的知识，自然会付诸行动。在之前的内容中，我们探讨了如何通过体验获得真知，又讲了如何通过释放情绪获得真知。

　　在本章中，我们将继续在情绪这个维度上探索真知，因为只有穿越各种情绪"迷障"，你才能深入自己的潜意识。因为只有在潜意识层面的"知"，才是真正的"知"。

敢于迈出第一步

电影《飞跃疯人院》中有一句非常经典的台词："你们一直抱怨这个地方，却没有勇气走出这里。"这种情况在我们的生活中比比皆是。绝大多数人都心怀梦想，可只有极少数人敢于迈出第一步。所以，对大多数人而言，梦想永远都是梦想。

多年来，我一直致力于发掘和投资一些优质的心理学项目。几年前我遇到了一个非常小众的美国心理学流派，学习后觉得受益匪浅，于是便想把它引进国内并推广，期望能够帮助更多的人。只是，这个美好的愿望，却卡在了该项目在国内的推广人A君这里。

A君负责该项目在中国的主要推广工作，但他的本职工作却不是这个，而是一家企业的在职员工。工作占用了他的大部分精力，所以他只能用很少的时间来做课程的推广。可是，如果放弃这份稳定的工作，全身心地投入到课程的推广当中，他又做不到。因为他不敢放弃在企业累计多年的福利，他也不确定自己一旦"破釜沉舟"后，结果会怎样。

所以，这么多年过去了，这个项目在国内一直都是不温不火的。我不希望这么好的一个项目就这样被浪费了，于是每年都与他见面。以我的判断，他只用了很少时间就做到了现在的效果，如果拼尽全力去推广的话，这门课程一定会有非常好的影响。但是，他每次都很为难和纠结，一方面不甘心只拿一份死工资，另一方面又心怀恐惧，不确定是不是能打开一片市场，不确定自己能不能接受最差的结果，不确定自己是不是做了对的选择……于是，我们的合作就这么搁置了。

　　看完这个故事，你有什么感受？你是否也有一些梦想，多年过去了，依然还只是梦想。究竟是什么拖住了你实现梦想的脚步呢？

　　这让我想起了自己小时候的经历。我的家乡有一条清澈的小河，每当夏天来临时，就有很多孩子在河里嬉戏打闹、捉鱼、抓虾。那时，我还小，每当看到小玩伴们在河里玩耍，就感到很不是滋味儿，因为我不会游泳，而且我也不能去学游泳。

　　为什么会这样？因为我妈妈担心我下水会不安全。因为在农村的河流、水库附近，每几年都会发生小孩溺亡的事件。就像我们时不时会在街上或新闻中看到的交通意外，但并没有阻止大家每天都开车上班一样，其实，这种惨剧发生的概率并不高，可我妈妈还是很担心。她为了避免这种危险，一直不允许我去河边玩，更不要说学习游泳了。

　　我一直很听话。直到初中"叛逆"时，渐渐脱离妈妈的"管控"，才背着她悄悄学会了游泳。从此，我内心中对水的恐惧也逐渐消失了。

　　在这两个故事中，**那些我们不敢尝试的行为中，都和恐惧这种情绪有关，但是，恐惧到底是怎么影响我们人生的呢？**

砌墙：恐惧让我们自我囚禁

恐惧是对危险产生的一种本能反应，是一种求存的保护机制。恐惧会让我们远离危险，确保安全。比如，我们看到蛇会恐惧，赶快躲开才能保证生命不受威胁。如果没有了恐惧，人类就少了很多生存的可能性。

但事物往往有两面性，恐惧在保护我们的同时，也会令我们退缩。它会让我们为了自保，砌起一堵堵高墙，把自己局限在一个窄小的空间里。

为了获得生存的安全，人们会修建各种各样的墙壁来保护自己。比如，我们的祖先修建万里长城是为了对外抵御北方游牧民族的入侵，对内巩固王朝的统治，安定社会。现在虽然不会有哪个国家靠修建长城来抵御入侵，但也会在边境筑墙，比如，曾引起过巨大争议的美墨边境墙，它修建的初衷就是为了控制美国不断增多的非法移民。

这是国与国之间的大事，其实我们普通人也会筑墙。比如修建房屋，有瓦遮头就能避免凄风冷雨的侵袭。不过，这些都是看得见的墙，生活中，我们还为自己竖起过很多看不见的墙。

比如，前文故事中的A君不愿冒这个风险，虽然心怀梦想，却依旧满怀不甘地度日。还有一些人一直不愿意结婚，是因为曾经在和异性交往的过程中受到过伤害，于是选择不再接受下一段感情。

人们会因为内在对某些事物的恐惧，选择砌起一堵一堵有形或无形的墙，来保护自己的安全。就好像"囚"这个汉字，囚是"人"字外面有一个框，也就是说一旦让自己活在一个框架里，就会画地为牢，自我设限。所以，并不是犯了罪进了牢房才是"囚"。当一个人由于安全的需要把自己固化在有限的空间里，也是一种"囚"的状态。

是谁把你囚禁在牢笼里？自我囚禁的力量，说到底，就是你的恐惧。适当的恐惧会让我们远离危险，然而一旦过度，就会使人画地为牢，困住自己向外突破的脚步。

拆墙：寻找自己的安全感

墙，确实可以保护我们的安全。但在保护我们安全的同时，也会阻断我们与他人和世界的连接，所以，当我们内心的安全感足够时，就需要主动拆掉一些"看不见的墙"，以获得更大的心理空间。

当我们的内心有一股动力在蠢蠢欲动时，就会产生拆墙的力量。拆掉禁锢自己的墙，你才能展翅高飞，实现你的梦想。**这两股能量是矛盾且冲突的，人生空间的大小，其实就是这两股能量博弈的结果。**

拆墙的力量大，你的世界就会扩大；砌墙的力量大，你的世界就会缩小。究竟谁占上风，取决于一种主观的感受——你的"安全感"。当你的安全感足够时，拆墙的力量就会占上风，你就能穿越恐惧，突破自己。当你安全感不足时，你的恐惧感就会主宰你的人生，砌墙的力量就会强，甚至成为你生命的全部。

那我们安全感不足、感到恐惧时，怎样才能突破呢？在这里跟大家分享两个故事：

第一个故事发生在十多年前，我的一个学员是一位众人艳羡的"钻石王老五"——还不到40岁，他就拥有了多家企业，住进了珠江边的江景豪宅。但就是这样一个事业有成的男士却一直没有结婚。在课程中，他做了一个个案，回到了很小的时候。那时他父母的婚姻已经破碎了，在离婚时两个人因为财产的事情争得面红耳赤，连一卷卫生纸都要分得清清楚楚。父母为金钱大动干戈的景象，在他幼小的心灵里留下了阴影，而这道阴影也让他在内心深处对婚姻充满了恐惧。

当他和一位心仪的女士谈婚论嫁时，总会忍不住去想"她到底是图我的钱，还是爱我的人，万一有一天合不来，她是不是也要分我一半家产……"于是这么多年来，他一直在婚姻的门口打转，一边渴望拥有温暖的家庭，一边又想到分财产时的剑拔弩张，于是每次他快结婚的时候，都会制造各种矛盾来阻止自己走进婚姻殿堂。后来，经过了课堂的疗愈，他过去的创伤逐渐被疗愈，再见到他的时候，他已带着太太和孩子来上课了。

如果你想从现在窄小的空间，进入一个你渴望进入的更大空间，但却心怀恐惧的话，可以选择先疗愈自己的创伤。任何伤害都是会痛的，如果你选择去触碰它，就能看到每一个创伤底下都有一个等待开发的宝藏。

第二个故事是一位女士的个案。因为怕"鬼"，她从小就非常害怕一个人待着，感觉衣柜里有"鬼"，这一怕就持续了三十多年。

我引导她进入催眠状态后，把手放在她的身后，陪她一起打开衣柜，去看看这个"鬼"到底长什么样子。

当时，她非常恐惧，全身都在颤抖。在打开衣柜时，她"啊"地大叫了一声，把全场同学都吓了一跳。在我的鼓励下，她睁开眼睛去看的时候却笑了——原来，那个"鬼"就是她自己。

人生中的大多数恐惧，都是我们自己想象出来的，仅仅是自己吓自己而已。要想戳破这些恐惧的幻觉，就要大胆尝试。

第二个故事告诉我们，要用行动去打破这份恐惧。只要你勇敢地迈出第一步，就会从一个舒适空间走向一个陌生的空间，直到彻底突破以往的生活。

当你迈出第一步时，你的身体就有足够的力量应对可能发生的情况。你远比想象中更强大，你可以不相信我，但不能不相信全人类进化的结果——人类从茹毛饮血到如今的高度现代化，其中的每个进步都是突破自我限制的结果。

试想，当你吃下一口苹果，两个小时后，它就会转化成各种营养成分，进而成为你身体的一部分。有什么机器能做到这一点呢？请相信，人，这部进化了几十万年的"机器"，已经让你的身体拥有了足够的应对变化的能力。

就像一部智能手机，一般人只使用了5%的功能，还有95%的功能被浪费，你也不例外。只要你开始用各种方法应对新环境里的变化，就一定会在突破的过程中感受到生命的无穷乐趣。

你所害怕的地方，一定会有一堵无形的墙。只有拆掉这堵墙，你才有可能走向更大的世界。所以，如果你不甘心过现有的生活，最简单的方法就是：怕什么，就去做什么——当然，必须是在符合法律法规和伦理道德的前提下尝试突破。

人生本就是一个不确定的过程，只要生命还在，所有发生的事情就都是一种成长。正所谓"每一个不曾起舞的日子，都是对生命的辜负"。时间的车轮滚滚向前，永远不变的只有改变。我们不如放手一搏，让自己拥有更多的可能！

💰 财富行动指南

1.盘点一下你曾经的梦想，看看那些梦想之所以还是梦想，是因为你在恐惧什么。

2.去找一件自己害怕的事，并大胆尝试突破。

3.找心理咨询师做一次咨询，疗愈内在的创伤。要知道，每一个创伤底下都埋藏着一份宝藏。

适当的恐惧会让我们
远离危险
然而一旦过度
就会使人画地为牢
困住自己向外突破的脚步

Chapter 24
如何实现财富新突破

我们通过对恐惧这种情绪的了解，看清了阻碍我们突破自我的深层原因。现在，我们还需要从广度上探索更多真知——很多时候，我们所谓的"知"，仅仅是片面的"知"，只有从更高、更广的维度上看问题，才有可能获得真正的"知"。

避免以偏概全看问题

我曾经接过这样一个案子：

刘先生出身于农村，家里兄弟两个，他是弟弟。他早年离开家乡在外打拼，哥哥则一直生活在乡下。乡下生活很是清贫，所以他经常在经济上资助哥哥。最近几年，凭着自己的努力，他的企业越办越大，生活也越来越好，房子换了，车子也换了。哥哥看到他的这些变化，一方面为弟弟高兴，一方面提出的要求也越来越多。

一开始，刘先生会尽量满足哥哥的需要，因为自己富裕了，多支持一下哥哥也是应该的。但是，渐渐地，哥哥的要求越来越难满足了。有时候，刘先生不得不拒绝哥哥的某些要求，哥哥的不满就一点一点地累积了下来。

有一年，刘先生的女儿出嫁。因为时间紧迫，他没有亲自去请哥哥喝喜酒。这一回，哥哥终于爆发了，到处向人抱怨说弟弟心中没有他这个哥哥。更让他气愤的是，清明节扫墓时，他居然当着家族所有成员的面在祖先墓前数落刘先生，说刘先生没良心，只顾自己享受，心中没有亲情。

多年的付出换来这样的抱怨，刘先生心中的委屈多过气恼。他跟哥哥大吵一架，并说："从此以后，兄弟俩桥归桥，路归路！"他下定决心，不再理会哥哥的任何请求。

哥哥得了多年的好处，却丝毫没有感恩，心里只有怨恨。实际上，在这个案例中，他只看到了自己没有实现的诉求，而没有看清自己的局限性——即使再亲密的关系，也应建立在相互对等的基础上，弟弟不可能事事满足自己的需求。

突破有限的认知，看清事实真相

"盲人摸象"这个故事可谓家喻户晓。我们也都明白这个道理：当一个人执着于自己有限的认知时，就会故步自封，认为自己现在所处的位置才是对的。这样的话，又怎能迈出改变的第一步呢？

我们只有看清自己的有限，承认自己的无知，提升自己的维度，才有可能真正看清真相。当你能看清真相时，根本不需要任何人推你去行动。

那如何才能从"无知"到"觉知"呢？智慧源于多角度的视野，只有从更多、更高的维度去"看见"，才有可能发现真相。发现真相，同时也是一个人修心的过程，也是心理治疗的基本原则。

拿我自己来说，我妈妈为了我的安全不让我游泳，其实不仅如此，小时候我妈对我管教极严，让我感到十分难受。所以，长大后，我对我妈总有一种叛逆心理。在内心深处，也总是对她有一种隐隐约约的抱怨情绪。

有一次，我跟一位朋友聊天，她问我家里有几个兄弟姐妹。我告诉她我只有一个姐姐。她很好奇地问我："在你出生的那个年代还没有实行计划生育，一个农村家庭怎么不多生几个？"

我告诉她，据我所知，我妈还生了好几个孩子，但都没有养大。因为那个年代医疗条件落后，所以，我的好几个兄弟姐妹都夭折了。

当她了解到这种情况后，跟我说："你能感受到你妈妈的痛苦吗？那个年代的妇女生了那么多孩子都没养大。所以，你妈才会把所有的希望都寄托在你身上啊！"

听她这么一说，我突然理解我妈为什么对我管教那么严格了。那一刻，我突然看到了事情的另一面。那一刻，我对妈妈的所有抱怨都烟消云散了，从心里涌上来的是满满的感恩，甚至是愧疚。

我无法让每一个人去看清真相，因为那是你人生修炼的功课。但我可以告诉你一个看清真相的方法——当一个人看不清真相，处于无知状态时，通常会有一种抱怨情绪——因为你太在乎自己的情绪了。但如果你能看清真相，哪怕只看清那么一点点，内心就会充满感恩。

所以，抱怨与感恩这两种情绪，有助于你判断自己是无知还是觉知。

神经科学家与心理学家研究发现，那些容易抱怨的人很容易按照消极的方式行事。情绪有一定的感染性，在听到抱怨与牢骚时，我们在大脑中容易产生共鸣，也会出现一些不良的情绪，影响大脑的思考。更糟糕的是，长时间处在抱怨的情绪中，还会使人变得愚蠢和麻木。

感恩是对已经拥有的表示感谢。能感恩，至少表明你已经看到了你拥有的东西。感恩，也是一种最好的意识转换方法，感谢你得到的，而不是抱怨你未得到的。当你懂得感恩自己所得到的，你得到的就会越来越多。相反，当你始终觉得自己的所得抵不上付出时，你已经得到的都可能失去。

感恩无关宗教信仰，是人的一种高能量的意识形态。真正意义上的感恩，就是对自己所拥有的一切深怀感激。想要得到更多，一定要从感恩所拥有的一切开始。

从"崩溃"到"突破"

如果你看不到真相，你会误解命运送给你的礼物。有时候，命运会把礼物包装得很难看，然后送到你的面前。如果你觉察不到这一点，往往会错失生命中真正重要的礼物。

对中国人来说，2020年的春天过得比以往任何一个春天都艰难。一场突如其来的新冠疫情打乱了全国人民的生活节奏。企业停产、学校停课、商场停业……原本美好的一切都被突如其来的疫情所打断。这就像你在原本的轨道走着，突然路没了，一脚踏空，恐慌、失措……这种感觉简直让人崩溃。

面对突如其来的变化，面对熟悉的生活常态被打破，除了崩溃，还可以做些什么呢？

我也经历过"计划赶不上变化"的艰难时刻。我在1997年开始进入教育培训行业，从1997年至2001年这五年间，我的公司只用心经营一位导师，把所有的资源都用在了他的课程推广上，所有的无形资产也落在了他的名下。这位导师从最初名气平平到声名鹊起时，却突然提出要终止合约。至今，我还清楚地记得，那一年，九月的广州依然酷热难当，但当那位导师说要离开时，我从头到脚都是冰凉的。这种感觉不亚于一个热恋了几年的伴侣突然抛弃了你。

当时，全公司赖以生存的业务瞬间化为乌有，五年的心血像肥皂泡一样瞬间破灭，那时的我差点失去理智和方向。值得庆幸的是，我没有放弃，也没有变得一蹶不振，而是迅速地冷静下来，开始反思自己的经营模式。

我意识到，一家企业不能把核心竞争力押注在一个人身上，这会对公司的发展造成不可预期的风险，也不利于树立公司的品牌形象。从这一次经历中，我吸取了教训。痛定思痛之后，我选择重新出发。

首先，我创立了新的导师培养机制，从原来的单一导师制变成了多导师制，完善导师的选拔、养成模式。这样做，既降低了导师离席的风险，又给公司培养了多种风格的人才。

其次，我自己也鼓起勇气走上了讲台，成为众多导师中的一员。我不仅组织大家一起讲课，而且努力让自己在心理学领域成为"用家"。

这次经历彻底改变了公司的发展路线，更改变了我的人生道路。自此之后，虽然还会遇到导师离开公司的情况，但再也不会像当初那样给公司带来致命的打击。自此之后，公司的营业额有了一个非常大的突破，而我自己更是在心理学领域不断精进，拓展了事业的新方向。同时，在人际关系、个人生活方面，我更是收获良多。

回顾过去，虽然当时我遭遇了一个让人崩溃的事件，但我不觉得那个导师是我的"敌人"，而是上天派来助我突破事业瓶颈的"恩人"。

随后的2004年，我参加了一个课程，明白了定位的重要性。从那时起，我做了一个重大决定，将除心理学外的其他课程都砍掉了，转型成为一家专门做心理咨询、心理咨询师培训的公司。当然，现在说起来是很简单的一件事，但对于当时的我来说，做这个决定是异常艰难的，因为有将近三分之二的营业额一下子没有了。

这种突破是艰难的，但也是值得庆幸的。一年后，我们的业务额便恢复了，而且增长速度比之前还快。

打破原有的状态，是一种生命的突破。但如何才能顺利突破，而不是瞬间崩溃呢？

我们来看看下面两个英文单词，从这两个单词的构成上，我们可以找到答案：

崩溃，Breakdown（break 打破 +down 倒下 / 向下）

突破，Breakthrough（break 打破 +through 通过）

这两个单词都是由两个词根组成。"打破"之后"倒下"了，就是"崩溃"；"打破"之后"通过"了，继续前行，就是"突破"。

是崩溃还是突破，就看打破后你是如何应对的。如果你选择随波逐流，那等待你的就是崩溃；但是如果你选择继续前进，那你就可以尝试突破自己。

因此，打破原有的状态并不可怕。这就像开手动挡的汽车，从一个挡换到另一个挡之前要先挂空挡。空挡，也就是给了你一个重新选择的机会——你可以从此选择进入高速挡，也可以选择倒退，甚至就此停下。

所以，要寻找人生的突破口，可以主动打破原有的某种模式，让自己进入到一个"空挡"期。当你在这个"空挡"期时，要提醒自己，这不是浪费人生的空白时间段，而是一个可以让你主动选择的机会，这个机会是你未来突破的起点。如果你能精准地抓住"空挡"的机会，就明白该如何选择了，否则只能随波逐流。

这就是"打破"的真相。与其抱怨自己的生活被打破，不如感恩命运送给你的礼物。只要生命还在，你就能在打破之后勇敢前行。通过眼前这一关，突破很快就会发生。

财富也是一样，如果你对目前的财务状况并不满意，不妨主动去打破一直以来的习惯模式。只要你能一直保持前行，"财富瓶颈"的突破是必然的事情。

🐚 财富行动指南

1.列出你一直以来抱怨的事情，换个角度去发现更多真相。

2.尝试去感恩，感谢那些你已经拥有的东西。

3.主动打破某些习惯，让"财富瓶颈"因此而突破。

想要得到更多

一定要从感恩

所拥有的一切开始

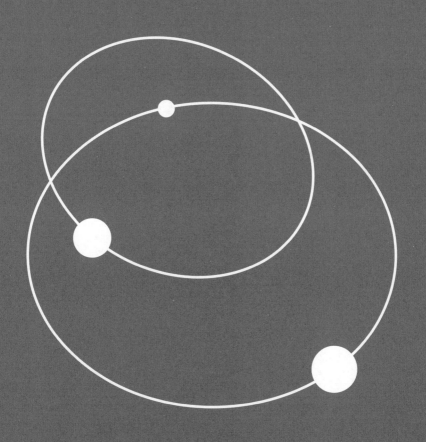

Chapter 25
为未来种下一颗财富的种子

只有经历过足够的痛，才会迎来人生的重大改变。

有些读者会问："我的生活平平顺顺，没有经历过痛彻心扉的事情，但我又不甘心这样活下去，该怎么办呢？"

今天，我们就来分享一个改变的方法，这种方法看起来很简单，但威力巨大，叫作"种种子"。

因果定律

什么叫"种种子"呢？我先跟大家分享两种常见的现象：

我在心理行业工作了23年，一开始我并没有当导师的念头，我只是一个心理行业的经营者。但是不知不觉中，我开始走向讲台，成为一名心理学导师。有时候，我也会觉得很奇怪，因为我并没有想成为一名导师，但最后却成了一名导师。

这种现象不仅发生在我身上，我的很多同行也是如此。我留意到，我早期学习心理学的同学现在大多数都是心理导师了。他们之前的职业有的是翻译，有的是心理学推广者，有的是媒体人……这些人的初心，仅仅是想帮助导师把心理学知识传播出去。但为什么一开始并不想成为导师的人，到最后却成了自己所支持的那种人呢？

再来看看另外一种现象。我们经常会看到，有些非常小气的人，他们拼命地想获得财富，但积累到一定的数量后，不管如何努力，他们的财富总额就再也无法突破了。直到有一天，有"高人"指点回馈社会后，他们的事业突然就会突飞猛进，财富也会迅速增加。

而另外有些人，就算在一无所有的时候，他们也非常慷慨。所以，他们的运气好像也特别好，命运总是眷顾着他们。导致他们越是乐于分享，财富就越多。

你可能会说，这是因为好人有好报。那么，世界上难道真有"好报"这回事吗？心理学怎么解释这种现象呢？

种子法则

我们之前讲过 ABC 法则，说的是一个人内心的观念决定了他的行动。而不同的行动，会创造出不同的结果。也就是说，你今天的结果，是你过去的行为创造的。而你过去做或者不做某件事情，取决于你内心的观念。你内心的观念，则会通过你的行为表现出来。

根据这个原理，我们就很容易理解为什么你赞赏什么人，你就会成为什么人。

一个慷慨的人会变得富有，而一个吝啬的人会一生贫穷。为什么会这样呢？我们来看看他们的内在理念，就会一清二楚了。

吝啬的人内心是匮乏的，一个内心匮乏的人的内心想法一定是"我没有"和"我不够"。一个人有什么想法，便会在外在创造成什么样的事实，这就是所谓的"存乎中，形于外"。

当你内在拥有一个贫穷的观念时，不管你如何努力，依旧是一个贫穷的人。就算你真的赚到了一定的金钱，你的内心依旧是贫穷的，因为你的内心总觉得不够，总想要向外索取。一个总是向外索取的人，身边的人会像躲瘟疫一样逃避他。这样的人，怎么可能享受真正的富足？

只有内心富足的人，才会主动分享。但假如你什么都没有，那么你即使想分享也不敢分享。所以，一个愿意分享的人，他的内在观念是"我是一个拥有很多的人"，一个内在丰足的人，自然就会通过行动让自己拥有得越来越多，这就是"好报"的简单原理。

支持也是一样。当你支持某人时，你的内心一定相信这样的人是好人，是值得尊重的人，是你人生的榜样……当你的内心拥有这样的观念后，你便会沿着偶像的道路不断成长。这就是为什么我早期学心理学的同学后来都成了导师的主要原因。

我前面举过一个例子。有一天，两个好朋友一起逛街，突然间，一辆红色的法拉利敞篷跑车从他们身边呼啸驶过。这两个人有两种反应，第一个人发出一种惊叹："哇！"另外一个人轻蔑地说："切！"

你觉得未来这两个人，谁更有可能拥有法拉利跑车？如果你真正理解了ABC法则，我相信聪明的你内心已经有答案了。

那个说"哇"的人内心有一个隐藏的声音，就是："哇，如果有一天我能开上这样的车该多好！"他内心很羡慕那个能开上帅气跑车的人，希望自己也能开上跑车。如果内心有这样的观念，他自然而然就会去采取相应的行动，例如，好好工作赚钱。这样，未来拥有跑车的机会会大很多。

而那个说"切"的人，他内心可能在说："切！开这种车的人不是奸商就是富二代，一定不是什么好人！"没有人愿意成为坏人或者奸商，所以他一定不会成为那个开跑车的人，他当然就不会拥有跑车了。

　　这就是"种子法则"——不同的想法会带来不同结果。所谓的"种子"，就是那些现在看起来微不足道的想法，但只要假以时日，一颗再微小的种子，也会长成参天大树。

刻意练习的法则

我们内心的认知会外显为我们的行为。其实，把这个原理反过来用也是有效的——外在的行为，也会内化为我们的观念。

因为"观念"与"行为"是两个互动的因素。当你有了一个坚定的内在观念时，你才会有某种行为；反过来如果你反复某种行为，也会产生一个相应的观念。

如果你相信你是富足的，你自然会乐于分享；反过来，如果你养成了一个分享的习惯，你内心自然也会相信自己是富足的——这就是"刻意练习"的法门，先从小事着手，然后你就会真的拥有。

不同的人有不同的练习方法，喜欢思考的人，往往喜欢"从知到行"；不喜欢思考的人，则可以"从行到知"。"条条大路通罗马"，道路有千万条，总有一条最适合你。

如果你真想成为一个有钱人，不妨从简单的行动做起——做一个慷慨的人，去分享你的东西，去支持那些你想成为的人。

也许有人会说："老师，我一无所有，有什么可分享的？"其实，你并不需要拥有太多，因为这仅仅是一颗种子，种子通常都是微小的，但再小的种子都有可能长成参天大树。比如一句温暖的话语、一个暖心的微笑、一个肯定的眼神……就算你一穷二白，发个朋友圈总可以吧？小小的分享也会有无穷的威力。

如果你真的什么都没有，那不妨用你的存在去支持那些值得你支持的人。只要你站在他的身边，就是一股无形的力量，这股力量也是支持的一种方式。

如果你总是索取，事情便会变得越来越糟。如果一个人从来都不愿分享，更不愿意去支持别人，那你跟一个乞丐有什么不同呢？分享，不仅可以让你的内心获得认同感，还可以拉近人与人之间的距离。

分享知识可以让陌生人成为朋友，但是一味索取却可以把亲人变成陌生人。我们看到多少家庭破碎的案例，都是因为家人不断地索取而造成的。

就算你现在一无所有，你都可以去分享和支持。就像我当年一直支持我的导师，其实我是在强化一个观念：心理学导师是非常好的。当我要推广一个导师时，我就会告诉我的客户，这个老师非常好，他有能力改变别人的命运。

一次次向大众传播心理学——这个观念深深地种在我的心里。而我给自己种下的"做慷慨的专业心理导师"这颗种子，随着时间推移不断生根发芽，到今天终于开花结果。

同样，如果你想成为一个有钱人，最好的方法就是看看自己的领导是什么样的，只有支持他们的工作，和他们建立同一个目标，自己才会在共同奋斗的过程中逐渐成为更有钱的人。当你不断地支持他们，就会强化你想成为他们的观念。这时候，财富的种子就会深深地种在你的潜意识中，假以时日，你一定会成为他，甚至超越他。

相反，如果你拿着老板的工资，却处处去破坏他的企业，在你心中就会建立一个"有钱人都不是什么好人"的观念。那你的潜意识就会种下一颗坏的种子，为了维护你是对的，你就会一直都让自己"穷并光荣着"。

你在帮助别人的时候，你的内心已经为自己种下了一个种子，这个种子就是一个坚定的观念："我是富足的"。只有富足的人才愿意去支持别人，有了这样的观念，你一定会有行动，那自然就会有富足的结果。

你人生的成果，是你心中播下种子结出来的果。如果你种下的是爱，你将会收获爱；如果你种下的是恨，那你只能收获恨；如果你要收获财富，那么从现在开始，你必须先种下财富的种子。

📀 财富行动指南

1.为自己的未来种下一颗财富的种子。从微小的行动开始，这种子看起来可能微不足道，但只要假以时日，这颗微小的种子就会长成参天大树。

2.假装拥有，直到真的拥有。去支持那些你想成为的人，你的支持对别人来说也许微不足道，但对你自己而言却有着巨大的内在驱动力。

越是乐于分享

财富就越多

Chapter 26
由"富"到"贵",提升你的生命层次

我们经常会用"心想事成"这个词来祝福别人,

但现在我却并不想这样对大家说,为什么呢?

"心想事成"并不一定是件好事

大学毕业后，我被分配到了一个很落后的工厂工作。在工厂旁边有一栋两层高的小楼。这是一个没有外墙砖、灰扑扑的小楼，占地40平方米左右，总建筑面积不会超过100平方米。那时候的我很穷，工厂分配给我的宿舍十分破败，墙壁上的灰泥碰一下就会掉下来一大块。但是，对我这样的穷小子而言，这样的宿舍已经十分奢华了。

所以，谈恋爱时，我总把那栋小楼作为我的人生目标。当我和女朋友骑自行车经过那里的时候，我就对女朋友许了一个愿望："希望我能给你一套这样的房子。如果这辈子能有这样一栋小楼的话，我感觉就不枉此生了。"

这就是我当年的一个真实愿望，幸好没有心想事成，不然，我可能不会离开那家工厂，今天也许还住在那栋破败的小楼里。最重要的是：如果我当时只是紧紧地盯住那栋100平方米的小楼，那么我这一辈子也许就那样了。

很多人的长期目标都是想拥有更多的财富，可是光有财富是不够的，富而不贵，是一种悲哀。所以，我不想只是祝你们心想事成，因为当祝一个人心想事成的时候，他想到的会是一个局限的心愿。这个局限的心愿一旦达成了，可能会约束你的人生。

其实大多数人的想法，都会受到思维的约束。 在生活中，这样的例子比比皆是。我们很多人终其一生都在为一个目标而奋斗，但到最后真的实现了这个目标时，大多数人会发现，这根本就不是自己想要的。

因此，"心想事成"有时并不一定是一件好事。心理学研究表明，其实，每个人的愿望都会受到当时环境和思维模式的限制。对于一个乞丐来说，他心里想到的可能仅仅是乞讨。而我当年的那个愿望，在某种程度上说，其实跟被现实所困的乞丐并没有什么两样。

向上的路从来都不会拥挤，如果你觉得拥挤，可能是你的思维受限了。高度决定你的视野，当你站在高一点的地方时，自然会看到不一样的风景。如果你身处洼地去想象那个所谓的未来，那你的未来便会困在十分有限的空间里面。因此，这样的心想事成，一定意义上也是一种画地为牢。

从某种程度上来说，如果某件事情很容易实现，那你会非常容易停留在一个很小的目标上，最终停下继续前进的脚步。

与其追逐金钱，不如让人生更上一个层次

　　有些人为了买房辛辛苦苦地打拼了一辈子，最后真的实现了愿望，却发现自己背了一身的债务，人生并没有什么起色。因此，与其耗费大量的时间和精力去实现某一个愿望，不如静下心来好好想想自己真正想要的是什么。

　　每年年初，我的公众号都会有一个许愿的环节。我发现，很多学员在许愿的时候都离不开"我要赚多少钱""住多大的房子""开多豪华的汽车"，或者"周游世界""娶个好老婆""嫁个好老公"，要不就是"找一份钱多事少离家近的工作"……

　　这样的愿望是出于人们朴素的愿望，无可厚非。可是，在我看来，并没有多少新意。

　　那么，什么是有新意的愿望呢？有一位学员曾在微信里跟我说："我的愿望是让自己不断地成长。当我带着这个目标去学习的时候，我发现人生的方方面面都慢慢变得更好了，不只是我的钱多了，我的人际关系也变好了，孩子也更乖巧懂事了。"

所以，我想与更多人分享的，不仅仅要懂得如何获取财富，而且要让自己活得有层次。我不希望你终其一生去追逐金钱。因为一旦你将金钱作为唯一的人生目标，当你真的获得了金钱，回头一看，你可能会发现自己浪费了一生——这不是我写本书的真正目的。

如果一个人眼里只有钱，他可能会失去很多。但是，当一个人把目标定位在个人的成长时，他的生活会发生巨大的改变。为什么会这样呢？当一个人眼里只有事的时候，会出现很多偏差。但当一个人把目标放在人身上时，那么这个人的格局和心胸就会变得很大，跟人有关的种种事情自然就会圆满了——因为我们要做的所有事情都是建立在人上的。只有那些让你有所成长的目标，才是人生真正值得追求的。

所以，**不要站在现有的高度去制订自己的目标，而是要站在"如何提升自己的人生高度"这个角度来看待金钱和你的一生。**

人是会变的，但是事物发展的规律是不会变的。当你站在目前的高度看问题，你一定会遇到很多困难。困难就像一座大山一样挡在你的面前，而你的目标仅仅是山前的一小片空地。大山挡住你的视野，目前你看到的只是一小部分。而山是不会长高的，但是人会。人可以跨越大山，人也可以把困难甩在身后。

比如，对于小学生来说，小学的功课一定是一个不小的难题。可是当你成为初中生的时候，再回头看小学难题，那对你来说一定是小菜一碟——因为你成长了，你的能力提高了。

爱因斯坦曾说过这么一句话："人类的困境，源于人们往往在制造问题的层次解决问题。"只有换一个层次，才能换一种人生。我们要做的，就是不断提升生命的层次，活出人生的崭新意义。

以终为始：规划好你的人生路线

在今后的日子里，我希望你能利用人生的困难让自己成长。困难，其实就是你成长的机会，在遇到困难的时候，请你一定要把它当作锻炼自己的机会。如果你勇于面对困难，不断提升自己的能力，那么，每一次的困难都会让你的人生跃迁一个新的高度。

就像你在路上行走的时候，碰到一块石头，这块石头是绊脚石还是垫脚石，并不是由石头决定的，而是由你自己决定。因为除了面对困难，我们还可以主动地提升自己。

在这里，我有几个小小的建议：

第一，多读书，读好书。 很多书都是作者一生的精华。读一本好书，就像站在巨人的肩膀上看世界。我在没写书之前会觉得书很贵，但当我开始写书之后，我突然觉得书太便宜了。因为我花了很多的心血总结出来的经验，全都写在了这本书里，而这本书只卖区区几十元钱，天底下还有什么比读书更廉价的投资吗？所以，多读好书，对提升你的人生层次会有非常大的帮助。

第二，走出你熟悉的地方，去看看外面的世界。 这对扩展你的人生格局很有帮助。因为如果一个人一辈子都待在同一个地方，所接触的人、事、物都是一样的，他的思维模式就会固化，甚至没有任何改变的动力。

第三，换一个社交圈。物以类聚，人以群分。如果你经常处在某一个圈子，你就只能跟同一种人相处。所以，你要刻意地去结交那些你欣赏的人，看看他们身上有哪些是值得你学习的地方。我曾写过一本书叫《圈层突破》，感兴趣的朋友可以看看这本书。

第四，重回课堂，重新学习。重新回到课堂，你的感悟肯定是不一样的，社会上有很多面对成人的课程，比如心理学课程。导师站在讲台上所分享的，一定是值得借鉴的人生感悟。他不经意地点拨，很可能让你的人生到达一个更高的层次。学习，无疑是回报率最高的一种投资。

虽然这本书的主题说的是财富，但其实财富仅仅是实现理想的一个工具，而不是最终的目的。在**达成目标的过程中，最有价值的一件事情不是看你是否获得了想要的东西，而是在这个过程中你变成了什么样的人。归根结底，成为你想成为的人，才是真正值得追求的目标。**

所以，与其终日追逐金钱，倒不如去想想你到底想成为一个怎样的人。当你把焦点放在"钱"上时，其实就是把焦点放在事上，而事会局限你的人生。当你把焦点放在人的身上时，那你的格局将会更加宏大，目标也将更为长远。

将成长的焦点放在自己身上，不妨试试这种方法——**为自己的人生立传。**

我们都知道，司马迁的《史记》中收录了很多历史名人传记。这些能被司马迁立传的人，都是生前建功立业的人。我们这样的普通人，如何才能让自己成为自己的传奇呢？这时候，不妨问问自己，有可能的话，你要成为一个什么样的人呢？如果你要成为那样的人，你要做些什么？

像编剧一样，为自己的下半生做一个规划。

当你完完全全规划好自己的人生之后，你可以站在后人的角度去看自己的后半生。如果你真的成了你想成为的那种人，你会如何为自己写一个历史评价呢？想象你是一位历史学家，请从历史的角度为自己立传。

附：范文《范蠡传》

范蠡，字少伯，楚国人，春秋时期著名的政治家、军事家、大商人。他被楚国官员文种所赏识，二人相交甚深。后来，两人相约一起投奔越国，辅佐越王勾践。他存越灭吴，帮助越王勾践一雪会稽之耻，成为春秋时期叱咤风云的人物。功成名就后，他淡泊名利，毅然弃官经商，累积的家产数以亿计，富比王侯。他的经商思想和经商理论一直到现在还被人们流传、借鉴，被后人尊称为"陶朱公""商圣"。

（作者注：因《史记·范蠡传》原文较长，篇幅所限，摘录其关键部分，改写为白话文供大家参考）

📖 财富行动指南

1.尝试为自己的人生立传。

2.放大自己的梦想。假设一切皆有可能，你要成为一个什么样的人呢？如果你要成为那样的人，你要做些什么？请你像一个编剧一样，为自己的下半生做一个规划。

3.当你完完全全规划好你的人生之后，站在后人的角度去看自己的后半生。如果你真的成了你想成为的那种人，你会如何为自己写一个历史评价呢？

成为你想成为的人
才是真正值得追求的目标

结语

　　本书中所说的内容，你也许并不都赞同。但请不要让这些文字成为你的束缚。毕竟，我写这本书的目的，是希望为你打开一扇财富之门。

　　现在，门已经为你打开，剩下的路要靠你自己去走。

　　前段时间，我的一位朋友跟我分享了自己的亲身经历：

　　有一天，他接到一个陌生的电话，电话来自一个没被他录用的面试者。那个面试者说："虽然我当时被你拒绝了，但你跟我说的那段话给了我很大的启发。因为你的那番话，我得到了很大的激励。今天，我已经做出一点成绩了。我想感谢你，请你给我一个账号，我要打一笔钱给你，表达我对你的感谢。"

　　朋友以为对方只是汇一笔小钱表达感谢，于是给了他一个账号。没想到，几天后他的账户居然收到了一笔一千万巨款！这把他吓了一跳。他赶紧打电话给那个陌生人，问他是不是汇款时多按了几个零。那人说："没错，就是一千万，这是我对你的感谢。现在，我的身家已经有几十亿了。没有你的教导，我无论如何也没有今天。我只是用这一千万来表达自己的一点心意。"

这是一个真实的故事，这位朋友在跟我讲这个故事的时候眼含热泪。

有时候，我们真的会在无形中影响一个人的人生。

这个故事也深深地触动了我，作为一名心理导师，我也希望大家在看了这本书之后，将来变成一个身价不菲的人。

我会等待你们的好消息。我相信，只要真的按照书中的内容来实践，你一定会成为一个内心富足的有钱人。

附录：财富心智修炼引导词

现在我们来做一个财富心智修炼练习，请让你的潜意识允许自己做一次特别的体验。这个体验没有对错，我只是邀请你看看，关于财富，你正在感受和思考什么，因此无论出现什么，都是可以的。

如果你感到舒服就闭上眼睛，坐在椅子上或躺在床上都可以，跟着我的声音。如果你发现自己走神了，就慢慢回到我的声音上来。现在，深深吸一口气，缓缓吐出来。把你的注意力放在你的身体上，注意你是怎样坐在椅子上的，看看你是否真切地注意到了椅子的形状，以及身体与它接触的感觉。体会你的感受，无论你感受到了什么，都可以让身体放松。

你可以用你的意识听到我的指引，用潜意识让身体放松；也可以让你的潜意识听到我的指引，有意识让身体放松。不管是有意识还是潜意识，都可以听到我的指引，都可以让身体放松。

现在我邀请你把注意力放到你和财富的关系上，当你听到财富、金钱、赚钱、花钱等这些关于钱的概念时，注意你出现的任何情绪。如果你有任何情绪，只是感受它们。金钱，也许曾经给你带来过快乐、兴奋、幸福，也许还有无助、愤怒和悲伤。现在把你的注意力放在那些不好的感受上，当听到我这样说时，请留意你大脑中出现的画面、声音，以及你身体的感受。

当你充分感受到了关于钱的感受，请你关注感受下面的想法：是什么想法创造出这些感受呢？不管是什么想法，你只需要注意到它，想法仅仅是想法，没有对错，但可以肯定的是，这些想法在过去曾经帮助过你，所以你可以对这些想法说声"谢谢"！

当然，过去有用的东西未必今天还有用。就像一些过去的旧衣服一样，你今天已经长大了，那些旧衣服已经不再适合今天的你了，而且款式也早就不合时宜了。有些想法也是这样，过去曾经对你有用，但对今天的你来说，也许是个约束。所以，我们要注意到这一点，不要让那些旧的想法困住今天的你。

如何判断一个想法是否有用呢？这很简单，你只需要问自己：我坚持这个想法，可以让我变得更有钱吗？如果答案是肯定的，请保留这个想法；如果答案是否定的，你就要注意了。当然这并不是一个错误的想法，因为它曾经帮助过你，就像那些旧衣服一样只是不合时宜而已。你无须批评它，更不要指责它，你可以在你的内在创建一个旧信念、观念博物馆，把这些不再有用的想法放在博物馆里；你也可以对它说声"谢谢"，然后目送它离开……

现在，我请你把注意力放到钱的具体载体上，回想一下你认识的有钱人，特别是你还很小的时候认识的那些有钱人，你的亲戚、你的邻居、你朋友的父母等是否是有钱人。当你想到了一些有钱人的形象，注意你出现的情绪，如果你有任何情绪，只是感受它们，不管是快乐、兴奋、幸福，还是无助、愤怒和悲伤。现在，把注意力放在那些不好的感受上，当听到我这样说时，请留意你大脑中出现的画面、声音，以及你身体的感受……

当你充分感受了有钱人在你心中的感受，现在请你关注感受下面的想法，是什么想法创造出这些感受呢？不管是什么想法，你只需要注意到它，想法仅仅是想法，没有对错，但可以肯定的是，这些想法在过去曾经帮助过你，所以你可以对这些想法说声"谢谢"！

然后跟刚才一样问自己，我坚持这个想法，可以让我变得更有钱吗？如果答案是肯定的，请保留这个想法；如果答案是否定的，你可以把它放进你创建的旧信念、观念博物馆，也可以对它说声"谢谢"，然后目送它离开……

现在，我请你放开你的想象力，想象你现在已经变得很有钱了，你想有多少就有多少。我请你去体验你有了钱之后的生活，留意一下你会看到什么，你居住的房子是什么样子，你的办公室是如何布置的，你开的是什么样子的车，你跟什么样的人生活在一起，你认识的人会如何评价你，在父母眼里你成了怎样的人，在孩子眼中你又是什么样的人……当你看到、听到了这些，留意你内心涌上来的感受，充分去感受这份感受……

当你已经充分感受了这份感受，我要问你一个问题。在问这个问题之前，我要让你知道这个问题的答案没有对错，你也不需要把答案告诉任何人，它只是让你知道你现在在哪里，任何答案都是你人生的里程碑。当你准备好之后，请你诚实地回答：你值得拥有这样的生活吗？这个世界那么多人，凭什么是你过这样的生活？你曾经为这个世界做了什么贡献？世界是否因为你的存在，而变得更加美好？

感受你此刻的感受，不管是什么感受，你只需要体验它，而不是评判它。然后聆听感受背后的声音，看看是否漏了什么东西？再问问自己，如果我有了钱之后，我会做些什么？我才会有更强的配得感，我才会当之无愧地说：我值得拥有这样的生活！

你知道，金钱在某个特定的时间和范畴里，是一个恒定的量。换句话说就是你的钱多了，某人的钱变少了。凭什么别人的钱要跑到你的身上？这个问题的答案，就是配得感的根基。请你由内而外生起宏愿：钱在你身上，你可以让钱发挥出更大的价值；钱在你身上，你可以让世界变得更加美好……静坐三分钟，让你的善良带你去想象，你可以为世界做什么样的贡献……

你值得拥有这样美好的生活，因为你善良、你有智慧，钱在你身上会让世界变得更好！请相信钱一定会流到像你这样能为大众做贡献的人身上，因为你值得拥有！

深深吸一口气，把这种美好的感觉吸进你的体内，让身体的每一个细胞都知道，你就是一个有钱人，因为你有钱之后，会让世界因为你的存在而变得更加美好！所以，你值得拥有更好的生活！

当你完全相信这一点，请慢慢睁开你的眼睛，回到现在。

（注：上面这个财富心智修炼练习我已录好音频文件，请大家扫描下面的二维码，关注我的公众号"团长说心理"，输入"财富心智修炼"便可获取。）

图书在版编目（CIP）数据

　　会赚钱的人想的不一样 / 黄启团著 . -- 哈尔滨：
北方文艺出版社，2020.10（2022.10 重印）
　　ISBN 978-7-5317-4885-4

　　Ⅰ . ①会… Ⅱ . ①黄… Ⅲ . ①私人投资－通俗读物
Ⅳ . ① F830.59-49

　　中国版本图书馆 CIP 数据核字（2020）第 171567 号

会赚钱的人想的不一样

HUI ZHUAN' QIAN DE REN XIANGDE BUYIYANG

作　者 / 黄启团

责任编辑 / 富翔强　　　　　　　　装帧设计 / 创研设

出版发行 / 北方文艺出版社　　　　邮　编 / 150008
发行电话 /（0451）86825533　　　经　销 / 新华书店
地　址 / 哈尔滨市南岗区宣庆小区 1 号楼　网　址 / www.bfwy.com
印　刷 / 天津旭非印刷有限公司　　　开　本 / 670×960　1/16
字　数 / 288 千　　　　　　　　　印　张 / 20
版　次 / 2020 年 10 月第 1 版　　　印　次 / 2022 年 10 月第 5 次印刷
书　号 / ISBN 978-7-5317-4885-4　　定　价 / 59.80 元